이준기와 함께하는
안녕하세요 한국어

3

일러두기

＊본문에 표기된 기호 N은 명사, A는 형용사, V는 동사를 나타냅니다.

＊CD에서 배우 이준기 씨의 실제 목소리를 들을 수 있습니다.

＊각 과의 문법 활용 연습, 회화 연습, 듣기 연습 답안은 부록에 있습니다.

＊이 책에 실린 발음 기호는 《한국 어문 규정집》(국립국어원)의 '표준어 규정의 표준 발음법'을 참조했습니다.
　단어에 따라 실제 발음과 차이가 나는 것도 있으니 CD를 꼭 들어 보세요.

＊CD에서 어휘와 표현을 제외한 모든 부분은 각 두 번씩 들려 드립니다. 처음에는 실제 말하는 속도로, 두 번
　째는 학습자 여러분이 잘 따라 할 수 있도록 조금 천천히 들려 드리니 소리 내어 따라 해보세요.

＊CD에서 학습자 여러분이 원하는 부분을 바로 찾을 수 있도록 CD에는 책의 페이지 표시를, 책에는 CD 각
　트랙의 시간을 표시해두었으므로 필요하신 분들은 활용하세요.

＊각 과의 본문과 이준기와 이야기하기 대화 부분만 따로 발췌해서 Appendix(mp3)에 실었으니 필요하신
　분들은 활용하세요.

HELLO~
KOREAN

이준기와 함께하는
안녕하세요
한국어

3

한글판

| 유소영 지음 |

마리북

저자의 말

이제 《이준기와 함께하는 안녕하세요 한국어》 마지막 권이 나오는군요! 그야말로 2007년부터 시작해 여러 해가 걸린 방대한 작업이었습니다. 그만큼 이 책에 많은 열정을 쏟았고, '좀 더 열심히 할 걸!' 하는 아쉬움도 많이 남습니다.

여러분! 《이준기와 함께하는 안녕하세요 한국어》를 3권까지 공부하게 되면 한국어에 대해서 어느 정도 자신감이 생길 것입니다. 하지만 3권까지 공부가 끝났다고 책을 덮어 두지 말고 1권부터, 아니면 자신이 없는 부분들을 다시 복습해 보세요. 언어를 배울 때는 머리로 이해하는 데 그치지 않고 끊임없이 연습해서 내 것으로 만들어야 합니다. 한국어로 꿈을 꿀 정도로 익숙해져야 잘 할 수 있습니다.

3권에서는 1, 2권보다 '유창한 한국어' 표현에 중점을 두었습니다. 대화 예문도 한국 사람들이 훨씬 자주 사용하는 회화 표현을 많이 실었습니다. 언어 속에는 그 언어를 사용하는 사람들의 삶과 문화가 고스란히 녹아 있습니다. 그래서 그 나라의 문화를 알면 훨씬 쉽고 편하게 언어를 배울 수 있습니다. 여러분도 한국 문화에 친숙해질수록 한국말이 더욱 가깝게 느껴질 것입니다. 한국말을 공부하다 보면 한국 문화에 대한 관심도 더욱 많아질 것이고요. 그래서 3권에서는 한국 문화에 대한 내용도 많이 실었고, 대화 예문도 한국 사회에서 쉽게 접할 수 있는 상황들로 구성했습니다.

그리고 한국어 공부를 한 단계 더 발전시킬 수 있는 '읽어 보기'에서는 한국어 독해력과 함께 한국의 이모저모에 대해서도 알 수 있는 내용들을 넣었습니다. '읽어 보기'에 있는 한국에 대한 내용들을 알아 두신다면 한국을 이해하는 데 도움이 될 것입니다.

《이준기와 함께하는 안녕하세요 한국어》 작업은 정말 멋지고 값진 작업이었습니다. 그 시간들을 여러분이 함께해 주셔서 큰 힘이 되었고 무사히 작업을 마칠 수 있었습니다. 이 책으로 전 세계의 여러분과 소통할 수 있어서 정말 행복했습니다. 감사합니다. 한국어 공부, 여기서 멈추지 말고 다음 단계를 향해서 더욱 열심히 하기 바랍니다!

저도 여러분과 함께 한국어를 통해 세상과 소통하는 삶을 계속 살아가겠습니다.

2014년 1월
유소영

이준기의 말

드디어 《이준기와 함께하는 안녕하세요 한국어》 마지막 권이 나오게 되었어요. 이 책을 시작한 게 엊그제 같은데 벌써 끝이라니, 마치 작품 하나가 끝나고 촬영장에서 만감이 교차하며 서 있는 기분이에요. 여러분도 이준기가 어느 날 갑자기 한국어 선생님이 되어 나타났던 날을 기억하시겠죠? 그러고 보니 그때로부터 벌써 몇 년이 흘렀어요.

감상은 여기까지고요, 여러분 지금까지 모두 함께 오셨죠? 혹시 중간에 멈추신 분들이 있다면 제가 양해해 드릴 테니, 지금 빨리 3권을 펼쳐 보세요. 한번 시작해서 쭉 갈 수 있다면 좋겠지만, 어려울 땐 잠시 쉬었다가 다시 힘을 내어 시작하는 것도 괜찮습니다.

지금까지 함께하신 분들이라면 그대의 열정과 집념에 박수를 보냅니다. 외국어를 이만큼 꾸준히, 또 열심히 할 수 있는 당신이라면 무슨 일이든 다 잘할 수 있을 거예요. 사실 일정 기간 동안 집중해서 무언가를 배운다는 것은 쉬운 일일 수도 있어요. 그 기간 동안만 열심히 하면 되니까요. 그런데 한국어 공부는 단시간에 열심히 한다고 잘할 수 있는 게 아니라, 오랫동안 꾸준히 공부해야 하는 일이죠. 정말 쉽지 않은 일이에요.

저도 외국어를 공부하는데 정말 실력이 잘 늘지 않아요. 촬영 중에는 시간이 없고, 촬영이 끝나면 공부보다는 쉬고 싶다는 생각이 들기 때문이에요. 이 모든 유혹을 이겨 내고 공부를 한다는 것 자체가 인생의 성공이라고 생각해요.

여러분, 무슨 일이든 한국어를 공부하는 것처럼 꾸준하게 열심히 하세요. 저도 무슨 일이든 더욱 열심히 성실하게 하도록 하겠습니다. 그리고 이 책으로 저와 인연이 되신 분들이 있다면, 소중한 인연을 오래도록 이어갔으면 하는 바람입니다. 한국이나 한국어와의 인연 또한 소중하게 여겨 주시면 감사하고요. 저 역시 더욱 새롭고 좋은 모습으로 여러분 곁에 다가갈 수 있도록 노력하겠습니다. 한국 또한 여러분에게 새롭고도 친근한 곳으로 기억되었으면 좋겠습니다.

이제 정말 아쉬운 한마디, 여러분 모두 안녕!

우리 또 만나요!

2014년 1월

이준기

이 책의 구성

대화 본문

3권의 대화 본문은 더욱 풍부한 한국어 표현을 많이 실었습니다. 대화 속에서 한국의 문화와 한국 사회의 다양한 모습들도 접할 수 있어요. 한국 사회와 문화, 한국 사람들의 생활 습관 등에 익숙해지면 한국어를 더욱 잘할 수 있을 거예요.

어휘와 표현

더욱 깊이 있고 다양한 어휘들을 많이 실어 유창한 한국어 표현의 밑거름이 될 수 있도록 했습니다. 다만, 읽어 보기에는 다소 어려운 어휘들이 포함되어 있어 읽어 보기 부분에 따로 실었습니다.

문법

3권의 문법은 1권과 2권보다 조금 어려워졌지만, 문법의 예문들을 더욱 생동감 있는 실생활 표현들로 실어 현장감을 더했습니다. 2권과 마찬가지로 상황 속에서 문법을 설명하는 저자 해설과 일반 문법 해설을 함께 실었습니다. 더욱 어려워진 만큼 활용 연습으로 충분히 연습해 보세요.

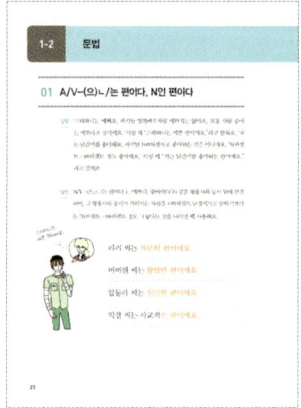

회화 연습

더욱 풍부하고 유창한 한국어 회화 연습이 될 수 있도록 실생활에서 많이 쓰이는 다양한 예제들을 실었습니다. 1, 2권을 공부하면서 한국어에 익숙해진 만큼, 그림을 빼고 글로 문제를 제시하여 여러분의 실력을 더욱 향상시킬 수 있도록 했습니다.

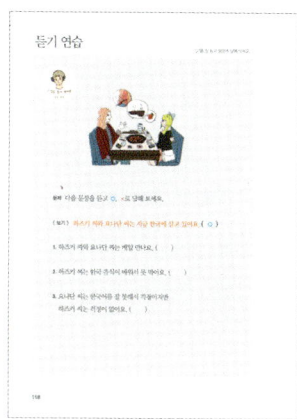

듣기 연습

3권에서 다루고 있는 어휘와 표현, 문법들을 충분히 활용하고 실제 생활에서 흔히 볼 수 있는 상황들을 구성하여 듣기 연습을 만들었습니다. 문제를 푸는 데 그치지 말고 반복해서 듣고, 스크립트를 여러 번 읽으면 듣기 연습뿐 아니라 자연스러운 문장을 말할 수 있을 것입니다.

이준기와 이야기하기

한국어에 아직 익숙해지기 전인 1권과 2권에서는 이준기와 이야기하기의 내용이 본문의 연장선상에 있다면, 3권에서는 본문의 내용과 관련 없는 새로운 내용들로 구성해서 입체 학습의 효과를 더했습니다. 이준기와 이야기하기의 회화 내용들을 완벽하게 익히신다면, 더욱 유창한 한국어를 구사할 수 있을 거예요.

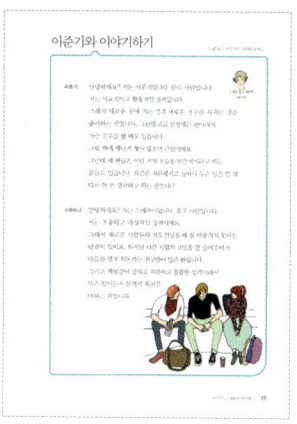

읽어 보기

1권에서는 스페셜, 2권에서는 연습해 보기로 각 과에서 배운 내용들에 대한 활용 연습을 더했다면, 3권에서는 한국어 독해력 향상을 위한 읽어 보기를 실었습니다. 읽어 보기의 내용들도 한국의 사회상이나 한국 문화에 대한 내용들이니 완전히 이해할 수 있을 때까지 계속해서 읽고 또 읽어 보세요.

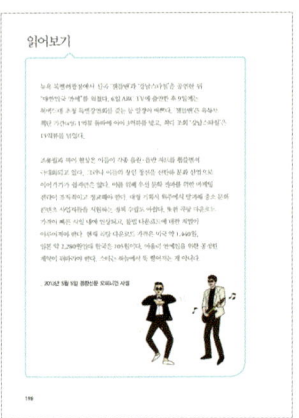

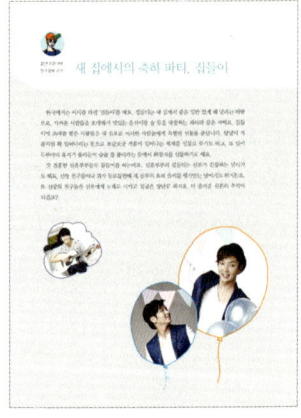

이준기의 한국 문화 소개

우리의 배우 이준기가 1권에서는 서울 소개, 2권에서는 한국의 도시를 소개했다면 3권에서는 한국의 전통과 현대를 아우르는 사회, 문화적인 현상들을 간단하지만 다양하게 소개하고 있어요. 이제 이준기와 아쉬운 이별인만큼 이준기의 이야기에 더욱 귀를 기울여 주세요.

이 책의 장점

한국어의 기초부터 고급 회화까지 체계적인 반복 학습을 할 수 있어요

한글의 자음과 모음부터 시작해서 기초 문법과 기초 회화, 일상적인 한국어 회화까지 체계적으로 한국어 공부를 할 수 있어요. 한국어 공부를 처음 시작하시는 분, 예전에 한국어를 공부한 적이 있지만 다시 시작하고 싶으신 분, 한국어를 가르치는 분들에게 강력히 추천합니다.

시간과 공간의 제약 없이 언제 어디서나 손쉽게 한국어를 공부할 수 있어요

《이준기와 함께하는 안녕하세요 한국어》는 혼자서도 공부할 수 있는 독학용 한국어 교재로, 친절한 설명과 다양한 연습 등이 있어 언제 어디서든 손쉽게 한국어를 공부할 수 있습니다. 또한 한국어 선생님들이 수업 시간에도 많이 활용할 수 있도록 다양한 연습과 활용도 함께 실었습니다.

다양한 감각을 활용하며 즐겁게 공부하는 한국어 책이에요

외국어를 가장 빨리 익히는 방법은 읽고, 쓰고, 듣고, 말하는 등 다양한 감각을 활용한 공부법입니다. 《이준기와 함께하는 안녕하세요 한국어》는 한류 스타 이준기의 목소리, 예쁜 일러스트와 깔끔하게 정리된 표, 다양한 표현과 문형 연습, 듣고 생각하기, 읽어 보기 등의 다양한 방식으로 더욱 즐겁게 한국어를 공부할 수 있습니다.

배우 이준기와 함께 더욱 새롭고 재미있게 한국어 공부를 할 수 있어요

배우 이준기에 대한 다양한 이야기와 함께 이준기의 매력적인 목소리를 들으며 한국어 공부의 깨알 같은 재미를 느낄 수 있어요. 게임과 한글 플래시 카드로 공부하는 〈이준기를 찾아라!〉 어플리케이션도 있으니, 자투리 시간을 활용해서 한국어 공부를 하려는 분들은 이용해 보세요.

생생한 한국의 모습을 접하며 살아 있는 한국어 공부를 할 수 있어요

본문과 이준기와 이야기하기는 물론 회화 연습, 어휘와 표현 등 지금 한국에서 일어나고 있는 이야기들과 한국의 문화와 사회 모습들을 많이 실어 생생한 한국어 공부가 될 수 있도록 했습니다. 어학 공부는 그 나라의 문화에 익숙해지면 더욱 즐겁게 공부할 수 있어요.

등장인물

최지영

한국

21세

대학생

이준기

한국

30세

영화배우

리리

중국

24세

신문 기자

비비엔

독일

20세

교환 학생

수파킷

태국

24세

작가

스테파니

호주

23세

회사원

보리스	**하즈키**	**요나단**
독일	일본	미국
29세	21세	24세
회사원	대학생	뮤지션

앙리	**익겔**	**압둘라**
프랑스	몽골	사우디아라비아
28세	21세	27세
화가	대학생	의사

Contents

차례

학습 구성표

	제목	상황	문법
1	적극적이고 활발한 편이에요	성격 묘사하기	A/V-(으)ㄴ/는 편이다, N인 편이다 N적 A/V-(으)ㄴ/는 척하다, N인 척하다
2	토픽 시험을 보기로 했어요	의도/약속 표현하기	V-고 나서 V-(으)려고 하다 V-기로 하다
3	제주도 올레길을 같이 걸어 봐요	추천하기, 추측하기	V-아/어 보다 A/V-(으)ㄹ까요?(추측) A/V-(으)ㄹ 거예요(추측)
4	한국어 말하기 대회에 나가 본 적이 있어요?	경험 표현하기	V-(으)ㄴ 적이 있다/없다 A/V-거든요, A/V-았/었거든요 A/V-(으)ㄹ 거거든요, V-(으)ㄹ 뻔하다
5	제가 짐을 들어 드릴게요	요청하기, 부탁하기	A/V-기는요 V-(으)ㄹ게요 N들
6	너 내일 시간 있어?	반말로 이야기하기	N아/야 N처럼 반말
7	찹쌀떡이랑 엿을 선물한다고 해요	의견 전달하기	간접 화법1: A-다고 하다, V-ㄴ/는다고 하다 N(이)라고 하다 A/V-냐고 하다, N(이)냐고 하다 V-게 하다
8	비가 오면 김치전을 만들어 먹자고 할까요?	고민 상담하기 불편 사항 말하기	간접 화법2: 명령, 청유 V-자고 하다, V-지 말자고 하다 V-(으)라고 하다, V-지 말라고 하다
9	쌈밥을 먹을 줄 알아요?	한국 음식 만들기	V-는 법 A-게 V-(으)ㄹ 줄 알다/모르다
10	어떤 사람과 결혼하고 싶어요?	결혼의 조건 이야기하기	A-아/어 보이다 A/V-(으)면 좋겠다, N(이)면 좋겠다 N(이)나 N
11	나라마다 문화가 다르군요!	문화의 차이에 대해 이야기하기	N마다 N인데 반해, A-(으)ㄴ데 반해, V-는데 반해 N에 대해(서)
12	취업 준비를 하느라고 힘들어요	(취업/진학)인터뷰하기	V-느라(고) 얼마나/어찌나 V-는지 모르다 얼마나 A-(으)ㄴ지 모르다 V-아/어 버리다

어휘와 표현	활동(이준기와 이야기하기)	읽기 자료/한국 문화 소개	발음 규칙
성격	자신의 성격 묘사하기	당신은 어떤 성격?	'ㄺ'의 발음 겹받침단순화
계획, 문화 활동	휴가 계획 이야기하기	친구 같은 한국의 아빠들	'ㅎ'의 발음 ㅎ 약화
여행지, 음식 느낌(형용사)	고향 소개하기	삼다 삼무의 섬, 제주	'ㅖ'의 발음 단모음화
지명, 영화	과거의 경험 중에 큰일날 뻔한 일에 대해 이야기하기	한국의 시조 신화, 단군 할아버지	'ㅄ'의 발음 겹받침단순화
이사, 집들이	이사하는 날 이야기	새 집에서의 축하 파티, 집들이	'ㄹ'의 발음 유음의 비음화
이사, 집들이, 지명	친구 초대하기(집들이)	박물관 관람	'ㅆ'의 발음 장애음의 비음화
시험, 한글	기념일(한글날) 이야기하기	세종대왕과 한글	'ㅄ'의 발음 장애음의 비음화
날씨, 일기예보	일기예보 듣고 계획 수정하기	한국의 봄, 여름, 가을, 겨울	'ㅎ+ㄱ'의 발음 격음화
요리, 미용실	자신이 추천하는 요리 방법 소개하기	사설 : 조용필과 싸이가 일으킨 창조적 문화 신드롬	'(으)ㄹ+ㅈ'의 발음 경음화
결혼, 외모, 성격	배우자의 조건에 대해 말하기	점점 높아지는 한국의 결혼 연령	'ㄶ+ㅈ'의 발음 겹받침 단순화
명절, 명절 음식	음식 문화, 생활 문화 등 비교하기	한국의 명절, 추석과 설날	합성어의 경음화
취업, 면접	인터뷰할 때 자기소개하기	입사지원서 쓰기	'ㄱ'의 발음 음의 동화(비음화)

적극적이고 활발한 편이에요

01

학습 목표

상황

성격 묘사하기

어휘

성격

문법

A/V-(으)ㄴ/는 편이다
N인 편이다
N적
A/V-(으)ㄴ/는 척하다
N인 척하다

CD로 듣기 보세요
01:03

이 준 기 스테파니 씨, 지난주에 한 소개팅은 어땠어요?

스테파니 음! 아주 좋았어요.

이 준 기 어떤 사람이었어요?

스테파니 키도 크고 얼굴도 잘생긴 사람이었어요.

이 준 기 그래요! 성격은 어땠어요?

스테파니 적극적이고 활발한 편이었어요.

이 준 기 스테파니 씨도 밝고 명랑한 성격이니까

마음에 들었겠군요!

스테파니 네, 마음에 들었어요. 그래서 저는 얌전한 척했어요.

이 준 기 스테파니 씨의 털털한 모습을 들키면 큰일이군요!

스테파니 네, 그래서 저도 걱정이에요.

앞으로는 밥도 조금만 먹는 척하고 말도 예쁘게 할 거예요.

이 준 기 얌전한 스테파니 씨! 아주 재미있겠군요!

스테파니 그런데 이준기 씨 여자 친구는 어떤 사람이에요?

이 준 기 제 여자 친구는 예쁘고 귀여운 사람이에요.

스테파니 성격은 어때요?

이 준 기 조금 소심하지만 책임감이 강하고 꼼꼼한 편이에요.

스테파니 하하하, 이준기 씨가 성격이 급한 편이니까

두 사람이 잘 맞겠군요?

이 준 기 네, 우리는 찰떡궁합이에요.

01　성격 1

적극적이다[적끅쩌기다]　　　　소극적이다[소극쩌기다]

활동적이다[활똥저기다]　　　　긍정적이다[긍ː정저기다]

부정적이다[부정저기다]　　　　보수적이다[보수저기다]

열정적이다[열쩡저기다]　　　　이기적이다[이기저기다]

사교적이다[사교저기다]　　　　감성적이다[감성저기다]

이성적이다[이성저기다]　　　　현실적이다[현실쩌기다]

낭만적이다[낭만저기다]　　　　외향적이다[외향저기다]

내성적이다[내성저기다]　　　　매력적이다[매력쩌기다]

인간적이다[인간저기다]

02　성격 2

급하다[그파다]　　　　　　　　느긋하다[느그타다]

얌전하다[얌전하다]　　　　　　조용하다[조용하다]

무뚝뚝하다[무뚝뚜카다]　　　　차분하다[차분하다]

점잖다[점ː잔타]　　　　　　　다정하다[다정하다]

꼼꼼하다[꼼꼼하다]　　　　　　깐깐하다[깐깐하다]

소심하다[소심하다]　　　　　　활발하다[활발하다]

원만하다[원만하다]

상큼하다[상큼하다]

밝다[박따]

덜렁대다[덜렁대다]

현명하다[현명하다]

겸손하다[겸손하다]

우유부단하다[우유부단하다]

집요하다[지뇨하다]

조심스럽다[조심스럽따]

참다[참:따]

이해심이 많다[이해시미만타]

명랑하다[명낭하다]

발랄하다[발랄하다]

털털하다[털털하다]

산만하다[산만하다]

신중하다[신중하다]

욕심이 많다[욕씨미만타]

책임감이 강하다[채김가미강하다]

변덕스럽다[변덕쓰럽따]

짜증을 내다[짜증을내다]

허영심이 많다[허영시미만타]

03 기타

외모[외모]

성격[성격]

단점[단:쩜]

가끔[가끔]

맞선을 보다[맏써늘보다]

소개팅을 하다[소개팅을하다]

잘생기다[잘생기다]

들키다[들키다]

장점[장:쩜]

찰떡궁합[찰떡꿍합]

미팅을 하다[미팅을하다]

여우 같다[여우갇따]

어울리다[어울리다]

돈을 벌다[도늘벌다]

의논하다[의논하다]

소리를 내다[소리를내다]

포기하다[포기하다]

마음에 들다[마으메들다]

실수를 하다[실쑤를하다]

낮잠을 자다[낟짜믈자다]

마음을 열다[마으믈열다]

발 / 음 / 규 / 칙

'ㄺ'의 발음 겹받침단순화

겹받침 /ㄺ/은 뒤에 오는 첫소리에 /ㄱ/이 오면 /ㄹ/[르]로 발음되고 뒤에 오는 첫소리의
/ㄱ/은 /ㄲ/[끄]로 발음해요.

$$밝고 \Rightarrow [발꼬]$$

$$ㄺ + ㄱ \Rightarrow ㄹ + ㄲ$$

맑고[말꼬]　　**읽고**[일꼬]　　**늙고**[늘꼬]

01 A/V-(으)ㄴ/는 편이다, N인 편이다

상황 '스테파니는 예뻐요. 하지만 영화배우처럼 예쁘지는 않아요. 보통 사람 중에는 예쁘다고 생각해요.' 이럴 때 "스테파니는 예쁜 편이에요."라고 말해요. '저는 닭갈비를 좋아해요. 하지만 100퍼센트로 좋아하는 것은 아니에요. 70퍼센트~80퍼센트 정도 좋아해요.' 이럴 때 "저는 닭갈비를 좋아하는 편이에요."라고 말해요.

설명 'A/V-(으)ㄴ/는 편이다'는 '예쁘다, 좋아하다'와 같은 형용사와 동사 뒤에 연결되어, 그 형용사와 동사가 가리키는 사실을 100퍼센트 단정적으로 말하기보다는 70퍼센트~80퍼센트 정도 그렇다는 것을 나타낼 때 사용해요.

스테파니는 예쁜 편이에요.

리리 씨는 차분한 편이에요.

비비엔 씨는 활발한 편이에요.

압둘라 씨는 원만한 편이에요.

익겔 씨는 사교적인 편이에요.

A-(으)ㄴ 편이다 만드는 법

형용사의 어간 마지막 음절에 받침이 없을 때는 'A-ㄴ 편이다', 받침이 있을 때는
'A-은 편이다'를 써요.

받침이 없을 때+ㄴ 편이다 예쁘다+ㄴ 편이다→예쁜 편이다

받침이 있을 때+은 편이다 많다+은 편이다→많은 편이다

받침 ㄹ일 때→ㄹ+ㄴ 편이다 멀다+ㄴ 편이다→먼 편이다

받침 ㅂ일 때→우+ㄴ 편이다 귀엽다+운(우+ㄴ) 편이다→귀여운 편이다

V-는 편이다 만드는 법

동사의 어간 마지막 음절에 받침이 없을 때와 있을 때 모두 'V-는 편이다'를 써요.

받침이 없을 때+는 편이다 어울리다+는 편이다→어울리는 편이다

받침이 있을 때+는 편이다 잘 먹다+는 편이다→잘 먹는 편이다

받침 ㄹ일 때→ㄹ+는 편이다 마음에 들다+는 편이다→마음에 드는 편이다

N인 편이다 만드는 법

명사의 마지막 음절에 받침이 없을 때와 있을 때 모두 'N인 편이다'를 써요.

받침이 없을 때+인 편이다 좋은 날씨+인 편이다→좋은 날씨인 편이다

받침이 있을 때+인 편이다 적극적+인 편이다→적극적인 편이다

활용 연습 다음 빈 칸을 채워 보세요.

기본형	A-(으)ㄴ 편이다	기본형	A-(으)ㄴ 편이다
급하다		깐깐하다	
산만하다		점잖다	
소심하다		변덕스럽다	
현명하다		조심스럽다	

기본형	V-는 편이다	기본형	V-는 편이다
싫어하다		일찍 오다	
여행을 자주 가다		밥을 많이 먹다	
요리를 잘하다		돈을 잘 벌다	
금방 잊어버리다		마음에 들다	

기본형	N인 편이다	기본형	N인 편이다
부자		현실적	
추운 날씨		긍정적	
무서운 영화		낭만적	
잉꼬부부		보수적	

02 N적

상황 '저는 가끔 소심할 때도 있지만 대개는 활발해요.' 이럴 때 "저는 활동적이에요."라고 말해요. '저는 가끔 흥분할 때도 있지만 보통 무슨 일이 있으면 차분하게 판단해요.' 이럴 때 "저는 이성적이에요."라고 말해요.

설명 이렇게 'N적'은 '활동, 이성'과 같은 명사가 가리키는 성향을 70퍼센트~80퍼센트 이상 가지고 있는 것을 나타낼 때 사용해요.

저는 활동적이에요.

최지영 씨는 내성적이에요.

이준기 씨는 긍정적이에요.

수파킷 씨는 열정적인 사람이에요.

보리스 씨는 낭만적인 사람이에요.

N적 만드는 법

명사의 마지막 음절에 받침이 없을 때와 있을 때 모두 'N적'을 써요.

받침이 없을 때+적 사교+적→사교적

받침이 있을 때+적 활동+적→활동적

03 A/V-(으)ㄴ/는 척하다, N인 척하다

상황 '저는 눈을 감고 누워 있었어요. 하지만 자는 것은 아니었어요. 그런데 친구가
불렀는데 대답하지 않았어요.' 이럴 때 "저는 자는 척했어요."라고 말해요. '저
는 활발하고 시끄러운 사람이에요. 하지만 멋있는 남자가 있으면 얌전한 사
람처럼 조용하게 말하고 행동해요.' 이럴 때 "저는 멋있는 남자가 있으면 얌전
한 척해요."라고 말해요.

설명 이렇게 'A/V-(으)ㄴ/는 척하다'는 '자다, 얌전하다'와 같은 동사와 형용사 뒤에
연결되어, 실제로는 그 동사와 형용사가 가리키는 사실이나 상태가 아니지만
그런 것처럼 보이려고 할 때 사용해요.

얌전한 척해요.

스테파니 씨는 얌전한 척했어요.

앙리 씨는 그림을 못 그리는 척했어요.

이준기 씨는 내성적인 척했어요.

요나단 씨는 학생인 척했어요.

A-(으)ㄴ 척하다 만드는 법

형용사의 어간 마지막 음절에 받침이 없을 때는 'A-ㄴ 척하다', 받침이 있을 때는
'A-은 척하다'를 써요.

받침이 없을 때+ㄴ 척하다 조용하다+ㄴ 척하다→조용한 척하다

받침이 있을 때+은 척하다 점잖다+은 척하다→점잖은 척하다

받침 ㄹ일 때→ㄹ+ㄴ 척하다 멀다+ㄴ 척하다→먼 척하다

받침 ㅂ일 때→우+ㄴ 척하다 맵다+운(우+ㄴ) 척하다→매운 척하다

V-는 척하다 만드는 법

동사의 어간 마지막 음절에 받침이 없을 때와 있을 때 모두 'V-는 척하다'를 써요.

받침이 없을 때+는 척하다 자다+는 척하다→자는 척하다

받침이 있을 때+는 척하다 못 먹다+는 척하다→못 먹는 척하다

받침 ㄹ일 때→ㄹ+는 척하다 울다+는 척하다→우는 척하다

N인 척하다 만드는 법

명사의 마지막 음절에 받침이 없을 때와 있을 때 모두 'N인 척하다'를 써요.

받침이 없을 때+인 척하다 요리사+인 척하다→요리사인 척하다

받침이 있을 때+인 척하다 학생+인 척하다→학생인 척하다

문법

활용 연습 다음 빈 칸을 채워 보세요.

기본형	A-(으)ㄴ 척하다	기본형	A-(으)ㄴ 척하다
느긋하다		욕심이 많다	
명랑하다		욕심이 없다	
차분하다		귀엽다	
여우 같다		변덕스럽다	

기본형	V-는 척하다	기본형	V-는 척하다
맞선을 보다		낮잠을 자다	
좋아하다		신문을 읽다	
어울리다		마음에 들다	
실수를 하다		음악을 듣다	

기본형	N인 척하다	기본형	N인 척하다
부자		애인	
친구		찰떡궁합	
의사		적극적	
부부		사교적	

01   스테파니 씨는 활발한 편이에요.

가 스테파니 씨의 성격이 어때요?
나 스테파니 씨는 활발한 편이에요.

스테파니
활발하다

수파킷
꼼꼼하다

가 _____?
나 _____.

압둘라
털털하다

가 _____?
나 _____.

요나단
책임감이 강하다

가 _____?
나 _____.

만들어 보세요.

비비엔
덜렁대다

이준기
다정하다
...

가 _____?
나 _____.

02 스테파니 씨는 얌전하고 낭만적이에요.

가 스테파니 씨의 성격이 어때요?
나 스테파니 씨는 얌전하고 낭만적이에요.

스테파니
얌전하다, 낭만적

수파킷
느긋하다, 긍정적

가 _____?
나 _____.

최지영
명랑하다, 활동적

가 _____?
나 _____.

앙리
조용하다, 이성적

가 _____?
나 _____.

익겔
소심하다, 내성적

가 _____?
나 _____.

리리
밝다, 적극적

가 _____ ?

나 _____ .

비비엔
차분하다, 꼼꼼하다

가 _____ ?

나 _____ .

가 _____ ?

나 _____ .

만들어 보세요.

압둘라
급하다, 활동적

보리스
다정하다, 감성적

요나단
얌전하다, 소극적

03　스테파니 씨는 부자인 척해요.

> 가 스테파니 씨는 부자예요?
> 나 아니요, 그런데 부자인 척해요.

스테파니
부자 ✕

리리
낭만적 ✕

가 _____?
나 _____.

압둘라
현실적 ✕

가 _____?
나 _____.

요나단
느긋하다 ✕

가 _____?
나 _____.

만들어 보세요.

비비엔
외향적 ✕

익겔
선생님 ✕
…

가 _____?
나 _____.

04 이준기 씨는 음악을 듣는 척하고 있어요.

가 이준기 씨는 지금 음악을 들어요?
나 아니요, 그런데 음악을 듣는 척하고 있어요.

수파킷
맞선을 보다 ✕

가 _____?
나 _____.

익겔
선물이 마음에
들다 ✕

가 _____?
나 _____.

이준기
꼼꼼하다 ✕

가 _____?
나 _____.

만들어 보세요.

보리스
점잖다 ✕
스테파니
잠을 자다 ✕
…

가 _____?
나 _____.

듣기 연습

문제 두 사람은 어떤 사람을 좋아하고 어떤 사람을 싫어해요?

빈 칸에 쓰세요.

	좋아하는 사람	싫어하는 사람
압둘라		
리리		

이준기와 이야기하기

CD를 듣고 이준기와 대화해 보세요.

이준기   안녕하세요? 저는 이준기입니다. 한국 사람입니다.

저는 사교적이고 활동적인 성격입니다.

그래서 새로운 곳에 가는 것과 새로운 친구를 사귀는 것을

좋아하는 편입니다. 그런데 조금 덜렁대는 편이라서

가끔 실수를 할 때도 있습니다.

그럴 때에 매니저 형이 없으면 큰일이에요.

그런데 제 팬들은 이런 저의 모습을 인간적이라고 하는

분들도 있습니다. 요즘은 차분해지고 싶어서 무슨 일을 할 때

다시 한 번 생각하고 하는 편입니다.

스테파니   안녕하세요? 저는 스테파니입니다. 호주 사람입니다.

저는 조용하고 내성적인 성격이에요.

그래서 새로운 사람들과 처음 만났을 때 잘 어울리지 못하는

단점이 있어요. 하지만 다른 사람의 고민을 잘 들어주어서

마음을 열고 의논하는 친구들이 많은 편입니다.

그리고 책임감이 강하고 차분하고 꼼꼼한 성격이라서

무슨 일이든지 끝까지 최선을

다하는 편입니다.

읽어 보기

:: **당신은 어떤 성격?** 필기도구와 종이를 준비하세요.

1. 하루 중 제일 기분이 좋을 때는?
㉠ 아침
㉡ 오후
㉢ 밤

2. 뭔가 아주 재미있는 일이 생겼을 때?
㉠ 소리를 내지 않고 웃는다.
㉡ 작은 소리로 웃는다.
㉢ 큰 소리로 즐겁게 웃는다.

3. 편안히 쉴 때?
㉠ 왼쪽 다리를 접고 앉는다.
㉡ 다리를 쭉 펴고 앉는다.
㉢ 다리를 나란히 모아 앉는다.
㉣ 다리를 꼬고 앉는다.

4. 걸을 때?
㉠ 바닥을 보고 천천히 걷는다.
㉡ 보폭을 좁게 빨리 걷는다.
㉢ 보폭을 넓게 빨리 걷는다.
㉣ 앞을 보고 천천히 걷는다.

5. 사람들이 많이 모이는 장소에 갈 때?
㉠ 시선을 끌지 않게 조용히 등장한다.
㉡ 아는 사람들이 있는지 보며
　 차분히 등장한다.
㉢ 사람들이 모두 알게 화려하게
　 등장한다.

6. 열심히 일을 하다가 방해 받았을 때?
㉠ 짜증을 낸다.
㉡ 포기하고 참는다.
㉢ 휴식의 기회를 반갑게 맞이한다.

7. 다음 중 가장 좋아하는 색은?
㉠ 하양이나 회색
㉡ 파랑이나 보라색
㉢ 녹색이나 연두색
㉣ 빨강이나 주황색
㉤ 까망

8. 잠자리에서 잠들기 직전에?
㉠ 머리를 이불 밑에 넣고
㉡ 한 팔을 베고
㉢ 약간 몸을 둥글게 옆으로 누운 자세
㉣ 몸을 똑바로 펴고 누운 자세

점수합산 ㉠ 1점 ㉡ 2점 ㉢ 3점 ㉣ 4점 ㉤ 5점   **당신의 점수는 몇 점이에요?** _____

> 30점 이상

당신은 이기적이고 허영심이 많고 자기중심적이며 지배적인 사람입니다. 그런 당신을 부러워하여 당신처럼 되기를 바라는 사람들도 있지만, 당신을 신뢰하지 않는 사람들도 있습니다.

> 23~29점

당신은 변덕스럽지만 열정적인 편입니다. 당신은 리더 타입으로 무슨 일이든지 결정을 빨리 내립니다. 당신은 과감하고 모험심이 있으며 무엇이든 한번쯤은 시도해 보는 타입으로 당신과 가까이 하는 사람들은 당신의 그런 강렬한 모습에 끌립니다.

> 16~22점

당신은 상큼하고 발랄하고 매력적이고 즐거운 사람입니다. 그래서 주위 사람들에게도 인기가 많습니다. 당신은 다정하고 친절하며 이해심도 많은 사람이라서 분위기를 상승시키고 어려운 사람들도 잘 도와주는 편입니다.

> 9~15점 이하

당신은 현명하고 신중하며 조심스럽고 현실적입니다. 당신은 똑똑하며 재능과 능력도 있고 겸손한 사람입니다. 당신과 일단 친구가 되면 절대적인 신뢰를 주고받으며 다른 사람이 그 신뢰를 무너뜨리기 어렵습니다. 반면 한번 그 신뢰가 무너지면 그것을 극복하는 것도 아주 오래 걸리는 편입니다.

> 4~8점 이하

당신은 신중하고 느리지만 꾸준하게 전진하는 사람입니다. 당신은 무슨 일이든 모든 각도에서 꼼꼼이 살펴본 다음 대부분 퇴짜를 놓는 사람입니다. 친구들은 당신을 집요하고 깐깐한 사람으로 보기도 합니다.

> 3점 이하

당신은 부끄럼을 많이 타고 소심하며 우유부단한 편입니다. 생기지도 않은 일에 대해서도 걱정을 많이 하는 성격입니다. 그런 당신을 가까운 친구들은 귀여운 편이라고 생각하지만 보통 사람들은 지루한 편이라고 생각합니다.

읽어 보기 단어

접다[접따]

나란히[나란히]

꼬다[꼬다]

보폭[보폭]

화려하다[화려하다]

휴식[휴식]

맞이하다[마지하다]

직전[직쩐]

부럽다[부럽따]

과감하다[과감하다]

강렬하다[강녈하다]

상큼하다[상크마다]

재능[재능]

겸손하다[겸손하다]

무너뜨리다[무너뜨리다]

극복하다[극뽀카다]

전진하다[전진하다]

퇴짜를 놓다[퇴짜를노타]

지루하다[지루하다]

자기중심적이다[자기중심저기다]

모험심이 있다[모험시미읻따]

펴다[펴다]

모으다[모으다]

바닥[바닥]

등장하다[등장하다]

방해[방해]

기회[기회]

잠자리[잠짜리]

지배적이다[지배저기다]

신뢰하다[실뢰하다]

시도하다[시도하다]

끌리다[끌:리다]

상승시키다[상승시키다]

능력[능녁]

절대적이다[절때저기다]

무너지다[무너지다]

신중하다[신중하다]

각도[각또]

부끄럼을 타다[부끄러믈타다]

시선을 끌다[시서늘끌다]

결정을 내리다[결쩡을내리다]

38

토픽 시험을 보기로 했어요

학습 목표

상황

의도/약속 표현하기

어휘

계획, 문화 활동

문법

V-고 나서
V-(으)려고 하다
V-기로 하다

CD로 들어 보세요
00:15

비비엔	요나단 씨, 뭐 하고 있어요?
요나단	아, 비비엔 씨. 지금 새해 계획을 세우고 있어요.
비비엔	새해 계획요? 무슨 특별한 계획이라도 있어요?
요나단	올해는 토픽 시험에 도전해 보려고 해요.
	제 한국어 실력이 어느 정도인지 알고 싶고,
	목표가 있으면 더 열심히 공부할 것 같아서요.
비비엔	그래요? 저도 토픽 시험을 보고 싶지만, 아직 한국어를
	잘 못해서 자신이 없어요. 그런데 몇 급을 보기로 했어요?

요나단	이번에는 중급을 보려고 해요.
	중급에 붙고 나서는 고급에 도전할 거예요.
비비엔	고급까지요? 요나단 씨, 정말 대단해요.
요나단	뭘요. 그런데 비비엔 씨는 올해 어떤 계획이 있어요?
비비엔	저는 다이어트를 하기로 했어요. 올해는 꼭 성공할 거예요.
	그래서 친구들과 괌으로 여행을 가려고 해요.
	괌에서 예쁜 비키니를 입고 멋진 사진을 많이 찍어 올 거예요.
요나단	괌요? 정말 좋겠네요. 그런데 어떻게 다이어트할 거예요?
비비엔	우선 저녁을 조금만 먹으려고 해요.
	그리고 아침에는 친구와 함께 등산을 하기로 했어요.
	등산을 하고 나서 오후에는 수영을 배우려고 해요.
요나단	너무 힘들지 않겠어요? 운동하고 나서 배고프다고
	많이 먹으면 안 돼요. 하하.
비비엔	네. 알겠어요. 어쨌든 우리 계획대로 열심히 노력해요!

어휘와 표현

01 계획

새해[새해]

토픽 시험[토픽씨험]

다이어트[다이어트]

건강을 위하다[건강을위하다]

경험을 쌓다[경허믈싸타]

결심[결씸]

도전하다[도전하다]

몇 급[면끕]

담배를 끊다[담배를끈타]

일기를 쓰다[일기를쓰다]

계획을 세우다[계회글세우다]

하루 일과[하루일과]

02 여행지

괌[괌]

방콕[방콕]

경복궁[경복꿍]

경주[경주]

＊북촌 한옥마을[북촌하녹마을]

＊전주 한옥마을[전주하녹마을]

몽골[몽골]

인사동[인사동]

쌈지길[쌈지낄]

설악산[서락싼]

지리산[지리산]

한옥

＊현대화와 함께 한국의 전통가옥인 한옥이 하나둘 사라져 가서 아쉬움이 많이 남는데요. 바로 이 한옥마을이 그런 아쉬움을 달랠 수 있는 곳입니다. 한옥이 많이 모여 있는 한옥마을은 한국의 전통적인 분위기를 물씬 풍기며 아름다운 경관을 자아내고 있습니다. 현재 한옥마을은 서울의 북촌 한옥마을, 남산골 한옥마을, 전라북도 전주의 전주 한옥마을이 있습니다.

03 놀이 · 문화

거리 공연[거리공연]   뮤지컬[뮤지컬]

콘서트[콘서트]   노래방[노래방]

*점프[점프]   **아랑사또전[아랑사또전]

* 넌버벌 퍼포먼스 〈점프〉는 한국 전통 무예인 태권도와 태껸을 중심으로 한 동양무술에 신체의 아름다움을 극대화한 고난이도의 아크로바틱과 유쾌한 코미디를 접목한 화려하면서도 짜릿한 마셜아트(martial arts)입니다.

** 2012년에 방영된 이준기가 출연한 드라마로 인간과 귀신이 함께 산 자의 세계와 죽은 자의 세계를 넘나들며 펼쳐지는 판타지 드라마입니다.

04 동사

달리다[달리다]   상을 받다[상을받따]

면접을 보다[면저블보다]   김치를 썰다[김치를썰ː다]

말을 타다[마를타다]   쏟아지다[쏘다지다]

일을 마치다[이를마치다]   외교관이 되다[외교과니되다]

끝나다[끈나다]   영화 촬영을 하다[영화촤령을하다]

한턱내다[한텅내다]   성공하다[성공하다]

작성하다[작썽하다]   마사지를 받다[마싸지를받따]

조깅을 하다[조깅을하다]

05 기타

영화제[영화제]

가득히[가드키]

혼자[혼자]

칸사[칸싸]

초원[초원]

덕분[덕뿐]

한복[한복]

배우[배우]

별[별]

여권[여꿘]

헐헉[헐헉]

비키니[비키니]

통역[통역]

MOS[모스]

발 / 음 / 규 / 칙

'ㅎ'의 발음   ㅎ 약화

/ㅎ/은 유성음 사이에서 유성음화되어 /ㅎ/과 /ㅇ/의 중간 정도로 발음해요. 더 약하게 발음하여 /ㅎ/을 완전히 탈락시켜 발음하는 것은 정확한 발음이 아니니 주의하세요.

방학 ⇒ [방학]

ㅇ+ㅎ+ㅏ ⇒ ㅇ+ㅎ+ㅏ

사랑해요[사랑해요]　　**문화**[문화]　　**프라하**[프라하]

01　V-고 나서

상황 '저는 먼저 밥을 다 먹어요. 그리고 커피를 마셔요.' 이럴 때 "밥을 먹고 나서 커피를 마셔요."라고 말해요. '저는 먼저 청소해요. 그리고 영화를 봐요.' 이럴 때 "저는 청소를 하고 나서 영화를 봐요."라고 말해요.

설명 이렇게 'V-고 나서'는 '먹다', '청소하다'와 같은 동사 뒤에 연결되어 어떤 행위를 끝낸 다음에 다른 행위를 하거나 어떤 상황이 일어나는 것을 말할 때 사용해요.

밥을 먹고 나서 커피를 마셔요.

숙제를 하고 나서 TV를 봤어요.

점심을 먹고 나서 낮잠을 잘 거예요.

손을 씻고 나서 밥을 먹어요.

V-고 나서 만드는 법

동사의 어간 마지막 음절에 받침이 없을 때와 있을 때 모두 'V-고 나서'를 써요.

받침이 없을 때+고 나서　말을 타다+고 나서→말을 타고 나서

받침이 있을 때+고 나서　상을 받다+고 나서→상을 받고 나서

기본형	V–고 나서	기본형	V–고 나서
계획을 세우다		일기를 쓰다	
경험을 쌓다		작성하다	
뮤지컬을 보다		점심을 먹다	
초원을 달리다		상을 받다	

02 V–(으)려고 하다

상황 저는 '이번 주말에 이준기 씨를 만날 거예요.' 하고 생각해요. 이럴 때
"저는 이번 주말에 이준기 씨를 만나려고 해요."라고 말해요. '아직 청
소를 하지 않았어요. 1시간 후에 청소를 할 거예요.' 하고 생각해요.
이럴 때 "1시간 후에 청소를 하려고 해요."라고 말해요.

설명 이렇게 'V–(으)려고 하다'는 '만나다, 청소하다'와 같은 동사 뒤에 연
결되어 어떤 행동을 하려고 하는 의도를 나타내는 말로, 아직 그 행동
을 실천하지 않은 상황을 나타낼 때 사용해요.

1시간 후에
청소를 하려고
해요.

주말에 영화를 **보려고 해요**.

수업이 끝나고 나서 놀이공원에 **가려고 해요**.

올해부터는 담배를 **끊으려고 해요**.

V-(으)려고 하다 만드는 법

동사의 어간 마지막 음절에 받침이 없을 때는 'V-려고 하다', 받침이 있을 때는 'V-으려고 하다'를 써요.

받침이 없을 때+려고 하다 공연을 보다+려고 하다→공연을 보려고 하다

받침이 있을 때+으려고 하다 담배를 끊다+으려고 하다→담배를 끊으려고 하다

받침 ㄷ일 때→ㄹ+으려고 하다 공원을 걷다+ㄹ으려고 하다→공원을 걸으려고 하다

받침 ㄹ일 때→+려고 하다 시계를 팔다+려고 하다→시계를 팔려고 하다

받침 ㅂ일 때→우+려고 하다 휴지를 줍다+우려고 하다→휴지를 주우려고 하다

---

03 V-기로 하다

상황 '저는 이번 주말에 압둘라 씨를 만날 거예요. 압둘라 씨와 약속했어요.' 이럴 때 "저는 이번 주말에 압둘라 씨를 만나기로 했어요."라고 말해요. '저는 다음 주부터 일찍 일어날 거예요. 저 자신과 약속했어요.' 이럴 때 "저는 다음 주부터 일찍 일어나기로 했어요."라고 말해요.

이렇게 'V-기로 하다'는 '만나다, 일어나다'와 같은 동사 뒤에 연결되어 그 행동을 하겠다고 다른 사람과 약속하거나 자기 자신과의 약속, 즉 결심을 나타낼 때 사용해요.

이번 주말에 압둘라 씨를 만나기로 했어요.

주말에 친구와 같이 경주에 가기로 했어요.

오늘부터 담배를 끊기로 했어요.

내일부터 다이어트를 하기로 했어요.

V-기로 하다 만드는 법

동사의 어간 마지막 음절에 받침이 없을 때와 있을 때 모두 'V-기로 하다'를 써요.

받침이 없을 때+기로 하다 초원을 달리다+기로 하다→초원을 달리기로 하다
받침이 있을 때+기로 하다 이웃을 돕다+기로 하다→이웃을 돕기로 하다

활용 연습 다음 빈 칸을 채워 보세요.

기본형	V-(으)려고 하다	기본형	V-기로 하다
영화 촬영을 하다		한복을 입다	
외교관이 되다		거리 공연을 보다	
한턱내다		여권을 만들다	

01 맥주를 마시고 나서 뭐 할까요?

가 맥주를 마시고 나서 뭐 할까요?

나 맥주를 마시고 나서 노래방에 갑시다.

맥주를 마시다
노래방에 가다

영화 촬영을 하다
말을 타다

가 _____ ?

나 _____ .

그림을 그리다
마트에 가다

가 _____ ?

나 _____ .

일을 마치다
저녁을 먹다

가 _____ ?

나 _____ .

운동하다
맥주를 마시다

가 _____ ?

나 _____ .

공연이 끝나다
피자를 먹다

가 _____?
나 _____.

친구를 만나다
서점에 가다

가 _____?
나 _____.

만들어 보세요.

가 _____?
나 _____.

청소를 하다
빨래를 하다

자전거를 타다
사우나에 가다

밥을 먹다
영화를 보다

02   청소하고 나서 낮잠이나 자려고 해요.

가 이번 주말에 뭐 할 거예요?

나 청소하고 나서 낮잠이나 자려고 해요.

오늘 오후
초원을 달리다
햄버거를 먹다

가 _____ ?

나 _____ .

오늘 저녁
쇼핑하다
혼자 영화를 보다

가 _____ ?

나 _____ .

내일
면접을 보다
명동에 가다

가 _____ ?

나 _____ .

주말
낮잠을 자다
요리하다

가 _____ ?

나 _____ .

오늘 저녁
공부를 하다
TV를 보다

가 _____?

나 _____.

오늘 오후
숙제를 하다
목욕을 하다

가 _____?

나 _____.

만들어 보세요.

가 _____?

나 _____.

주말
파마하다
친구를 만나다

오늘 저녁
공부하다
빨래하다

내일 오전
조깅을 하다
마사지를 받다

03   친구를 만나기로 했어요.

가 이번 주말에 시간이 있어요?
나 미안해요. 친구를 만나기로 했어요.

오늘 오후
부모님이 오시다

가 _____?

나 _____.

내일
시험공부를 하다

가 _____?

나 _____.

오늘 저녁
여자 친구랑
뮤지컬을 보다

가 _____?

나 _____.

만들어 보세요.

여름방학
몽골에 가다

이번 주말
영화를 보다
...

가 _____?

나 _____.

04 건강을 위해서 술을 끊기로 했어요.

> 가 새해 결심이 뭐예요?
> 나 건강을 위해서 술을 끊기로 했어요.

건강을 위하다
술을 끊다

너무 뚱뚱해지다
다이어트를 하다

가 _____ ?

나 _____ .

취업을 위하다
MOS를 배우다

가 _____ ?

나 _____ .

꿈을 위하다
열심히 공부하다

가 _____ ?

나 _____ .

만들어 보세요.

여행을 가다
외국어를 공부하다
행복해지다
남자 친구와 결혼하다
…

가 _____ ?

나 _____ .

듣기 연습

CD를 잘 듣고 질문에 답해 보세요.

문제 1 수파킷 씨와 친구는 주말에 무엇을 해요? 모두 쓰세요.

문제 2 수파킷 씨와 친구는 주말에 무엇을 먹어요? 모두 쓰세요.

이준기와 이야기하기

CD를 듣고 이준기와 대화해 보세요.

익 겔 이준기 씨, 오늘 영화 촬영은 어땠어요?

이준기 조금 피곤하지만 아주 즐거웠어요.

다 익겔 씨 덕분이에요. 오늘 통역을 해 줘서 고마워요.

익 겔 뭘요. 저도 재미있었어요. 그런데 한국에 돌아가기

전에 몽골에서 뭘 하기로 했어요?

이준기 다른 배우들과 같이 초원에서 말을 타려고 해요.

익 겔 어, 이준기 씨, 말을 탈 수 있어요?

이준기 물론이죠! 드라마 〈아랑사또전〉을 촬영하면서 배웠어요.

익 겔 아, 그렇군요! 저도 넓은 초원을 말을 타고 달려가고 싶어요.

이준기 어! 익겔 씨, 말을 탈 수 있어요?

익 겔 그럼요! 저는 몽골 사람이잖아요. 하하하. 그리고 초원에 누우면

하늘 가득히 쏟아지는 별들이 아주 아름다워요.

이준기 그렇군요! 그런데 익겔 씨, 몽골 음식은 뭐가 맛있어요?

익 겔 말을 타고 초원을 달리고 나서 '헐헉'을 먹으면 아주 맛있을 거예요.

이준기 그래요? 그럼 우리 말을 타고 나서 같이 '헐헉'을 먹어요.

익 겔 좋아요. 제가 맛있는 가게를 가르쳐 줄게요.

이준기 네, 고마워요.

친구 같은 한국의 아빠들

요즘 한국에서는 아이의 성장 과정에서 엄마 못지않게 아빠의 역할이 중요하다는 생각이 점점 확산되고 있어요. 그래서 평일에는 회사 다니느라 아이들과 함께 놀아주지 못하지만 주말에는 운동도 하고, 놀이동산도 가고, 맛있는 음식도 먹으러 다니며 아이들과 함께하는 시간을 많이 가지려고 노력하는 아빠들이 많아졌어요.

그런 영향 때문인지 최근에는 가족 단위의 캠핑족들이 급격하게 늘고 있습니다. 가족들과 함께 캠핑을 다니며 일상에서 느껴 보지 못한 새로운 기분을 느끼고, 아이들과 대화하는 시간을 갖는답니다. 또 교육열이 높은 부모들은 주말이면 아이들의 손을 잡고 역사유적지나 박물관, 미술관 등을 찾아다니며 다양한 이야기를 들려주기도 하지요. 덕분에 예전에는 한국에서 아버지는 엄하고 무서운 이미지가 많았지만, 요즘은 '친구 같은 아빠'로 점점 바뀌고 있어요.

제주 올레길을 같이 걸어 봐요

학습 목표

상황

추천하기, 추측하기

어휘

여행지, 음식, 느낌(형용사)

문법

V-아/어 보다
A/V-(으)ㄹ까요?
A/V-(으)ㄹ 거예요

CD로 들어 보세요
00:15

〈공항에서〉

수파킷   와! 최지영 씨, 드디어 제주도에 도착했어요!

최지영   네. 저도 정말 신 나요!

수파킷   그런데 제주도는 뭐가 유명해요?

최지영   제주도는 아름다운 바다와 한라산, 올레길이 유명해요.

　　　　　그리고 제주도는 돌, 바람, 여자가 많아서 삼다도로 유명해요.

수파킷   아, 그렇군요! 그런데 최지영 씨, 배고프지 않아요?

　　　　　우리 밥부터 먹으면 안 될까요?

최지영   하하하, 알겠어요. 그럼 점심부터 먹읍시다.

〈식당에서〉

수파킷 최지영 씨, 제주도는 무슨 음식이 유명해요?

최지영 유명한 음식이 많이 있지만, 그중에서도 해산물이

아주 유명해요. 수파킷 씨, 생선회랑 전복죽 먹어 봤어요?

수파킷 생선회는 먹어 봤는데 전복죽은 아직 못 먹어 봤어요.

최지영 그럼, 생선회하고 해녀들이 직접 잡은

싱싱한 전복으로 만든 전복죽을 먹읍시다.

수파킷 네, 좋아요! 그럼 해녀도 만날 수 있을까요?

최지영 글쎄요. 아마 그 식당 근처에서 만날 수 있을 거예요.

수파킷 그런데 최지영 씨, 우리 점심 먹고 나서 뭐 할 거예요?

최지영 오늘은 천천히 제주 올레길을 같이 걸어 보고

내일은 성산일출봉에 올라가 봅시다. 날씨가 좋으면

성산일출봉에서 멋진 일출을 볼 수 있을 거예요.

수파킷 정말요? 그런데 내일 날씨가 맑을까요?

최지영 글쎄요, 아마 맑을 거예요.

01   여행지

제주도[제주도]

제주 올레길[제주올레낄]

하르방[하르방]

부산[부산]

영도다리[영도다리]

도쿄[도쿄]

마이애미[마이애미]

한라산[할라산]

성산일출봉[성사닐출봉]

돌담[돌담]

해운대[해운대]

요코하마[요코하마]

항구[항구]

*올레는 대문에서 마을 입구(또는 큰 길)까지 이어지는 아주 좁은 골목을 뜻하는 제주 방언인데요, 제주 올레길은 그 이름처럼 제주의 집과 마을을 구불구불 이어주는 소박하면서도 멋스러운 길입니다. 22개의 코스로 구성되어 있는 올레길은 아름다운 제주의 자연을 만나고 소박한 제주 도민들의 문화를 만나게 해 주는 매력적인 걷기 여행의 명소로 자리 잡았습니다.

02   형용사

유명하다[유명하다]

즐겁다[즐겁따]

힘들다[힘들다]

파랗다[파라타]

고소하다[고소하다]

여유롭다[여유롭따]

기쁘다[기쁘다]

아름답다[아름답따]

신기하다[싱기하다]

다양하다[다양하다]

독특하다[독트카다]

싱싱하다[싱싱하다]

03   동사

자전거를 타다[자전거를타다]   개봉하다[개봉하다]

걸리다[걸리다]   받아들이다[바다드리다]

데이트하다[데이트하다]   신 나다[신나다]

한복을 입다[한보글입따]   팔다[팔다]

04   음식

먹거리[먹꺼리]   전통차[전통차]

부산어묵[부사너묵]   씨앗호떡[씨아토떡]

씨앗[씨앋]   해바라기씨[해바라기씨]

호박씨[호박씨]   땅콩 가루[땅콩가루]

막걸리[막껄리]   불고기[불고기]

생선회[생선회]   해산물[해산물]

전복죽[전복쭉]   *해물탕[해물탕]

카레[카레]

*제주도 등의 바닷가 지역에서 갓 잡아올린 온갖 해물들을 넣고 시원한 국물을 내어 먹는 음식이에요. 해산물의 맛이 잘 우러나 국물도 맛있지만 다양한 해물들도 제각각 다른 맛을 내면서도 조화를 이루어 많은 사람들이 좋아하는 요리예요.

05 기타

야경[야경]

서양식[서양식]

추억[추억]

＊번지점프[번지점프]

아마[아마]

박물관[방물관]

해녀[해녀]

한국적이다[한국쩌기다]

옛날[옌:날]

분위기[부뉘기]

난타[난타]

꼭[꼭]

아주[아주]

삼다도[삼다도]

일출[일출]

도중[도중]

＊요즘 한국 젊은이들 사이에서는 용감해야 사랑도 얻을 수 있다는 생각으로 함께 번지점프를 하는
연인들이 많아요.

발 / 음 / 규 / 칙

'계'의 발음 단모음화

모음 /계/는 /ㅖ/ 앞에 /ㅇ, ㄹ/ 이외의 자음이 오면 [ㅔ]로 발음해요.

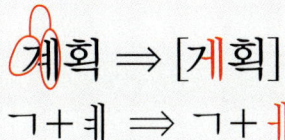

계획 ⇒ [게획]

ㄱ+ㅖ ⇒ ㄱ+ㅔ

시계[시계/시게]　　**지혜**[지혜/지헤]　　**개폐**[개폐/개페]

01   V-아/어 보다

상황   '김치가 있어요. 김치가 매운지 안 매운지 궁금해요. 그래서 저는 김치를 먹었
어요.' 이럴 때 "김치를 먹어 봤어요."라고 말해요. 저는 지금 번지점프 앞에
있어요. 번지점프가 무서운지 안 무서운지 궁금해요. 그래서 저는 번지점프를
했어요. 이럴 때 "번지점프를 해 봤어요."라고 말해요.

설명   이렇게 'V-아/어 보다'는 '먹다, 하다'와 같은 동사를 하면 어떨지 궁금해서
그 행동을 시도해 보는 것과 자신이 경험한 것을 말할 때 사용해요.

김치를 먹어 봤어요.

저는 제주도에 가 봤어요.

불고기를 먹어 봤어요.

번지점프를 해 봤어요.

한복을 입어 봤어요.

V-아/어 보다 만드는 법

동사 어간의 마지막 음절에 모음 ㅏ, ㅗ가 없을 때는 'V-어 보다', ㅏ, ㅗ가 있을 때는 'V-아 보다'를 써요.

ㅏ, ㅗ가 없을 때+어 보다	먹다+어 보다→먹어 보다
ㅏ, ㅗ가 있을 때+아 보다	만나다+아 보다→만나 보다
'~하다'일 때→~해 보다	요리하다+해 보다→요리해 보다
ㅣ일 때+어 보다→ㅕ 보다	마시다+셔(시+어) 보다→마셔 보다
받침 ㄷ일 때→ㄹ+어 보다	듣다+ㄹ어 보다→들어 보다
받침 ㅂ일 때→우+어 보다	줍다+워(우+어) 보다→주워 보다

활용 연습 다음 빈 칸을 채워 보세요.

기본형	V-아/어 보셨어요?	V-아/어 봤어요	V-아/어 보세요
제주도에 가다	제주도에 가 보셨어요?	제주도에 가 봤어요.	제주도에 가 보세요.
새 의자에 앉다			
해물탕을 먹다 (드시다)			
소주를 마시다 (드시다)			
한국 신문을 읽다			
카레를 만들다			

02 A/V-(으)ㄹ까요?

상황 '난타 포스터가 있어요. 저는 아직 난타를 안 봤는데 포스터를 보면서 재미있을지 없을지 모르겠어요. 그래서 친구에게 질문해요.' 이럴 때 "난타가 재미있을까요?"라고 말해요. '지금 TV에 제주도의 해녀가 나와요. 저는 아직 해녀를 못 만나 봤는데 이번 주에 제주도에 가면 해녀를 만날 수 있을지 어떨지 TV를 보면서 생각해요. 그리고 친구의 생각을 물어봐요.' 이럴 때 "제주도에 가면 해녀를 만날 수 있을까요?"라고 말해요.

설명 이렇게 'A/V-(으)ㄹ까요?'는 '재미있다, 만나다'와 같은 형용사와 동사의 결과를 아직 안 해 봐서 모르지만, 포스터 등의 힌트를 보면서 생각하고 추측해서 질문하는 경우에 사용해요.

난타가 재미있을까요?

하즈키 씨가 어디에서 공부할까요?

불고기가 맛있을까요?

이번 시험이 어려울까요?

이 영화가 재미있을까요?

A/V-(으)ㄹ까요? 만드는 법

동사와 형용사 어간의 마지막 음절에 받침이 없을 때는 'A/V-ㄹ까요?', 받침이 있을 때는 'A/V-을까요?'를 써요.

받침이 없을 때+ㄹ까요? 만나다→만나다+ㄹ까요?→만날까요?

받침이 있을 때+을까요? 재미있다→재미있다+을까요?→재미있을까요?

받침이 ㄷ일 때→ㄹ+을까요? 묻다→묻다+ㄹ을까요?→물을까요?

받침이 ㄹ일 때→ㄹ+ㄹ까요? 만들다→만들다+ㄹ까요?→만들까요?

받침이 ㅂ일 때→우+ㄹ까요? 맵다→맵다+울(우+ㄹ)까요?→매울까요?

활용 연습 다음 빈 칸을 채워 보세요.

기본형	A/V-(으)ㄹ까요?
그 영화가 슬프다	그 영화가 슬플까요?
삼계탕이 맛있다	
해녀를 만날 수 있다	
책을 읽다	
공부하다	
마트에서 팔다	
올레길을 걷다	
데이트가 즐겁다	

03 A/V-(으)ㄹ 거예요

상황 '난타 포스터가 있어요. 저는 아직 난타를 안 봤는데 포스터를 보면서 난타가
재미있을지 어떨지 생각해요. 그리고 친구에게 내 생각을 말해요.' 이럴 때
"난타가 재미있을 거예요."라고 말해요. '지금 TV에 제주도의 해녀가 나와요.
저는 아직 해녀를 못 만나 봤어요. 이번 주에 제주도에 가는데 TV를 보면서
해녀를 만날 수 있을지 어떨지 생각해요. 그리고 친구에게 내 생각을 말해요.'
이럴 때 "제주도에 가면 해녀를 만날 수 있을 거예요."라고 말해요.

설명 이렇게 'A/V-(으)ㄹ 거예요'는 '재미있다, 만나다'와 같은 형용사와 동사의
행동을 아직 안 해 봐서 그 결과를 알 수 없지만, 포스터 등의 힌트를 보면서
생각하고 추측해서 대답하는 경우에 사용해요.

제주도에 가면
해녀를 만날 수
있을 거예요.

글쎄요, 아마 도서관에서 만날 수 있을 거예요.

글쎄요, 아마 돈이 많을 거예요.

글쎄요, 아마 추울 거예요.

글쎄요, 아마 바쁠 거예요.

A/V-(으)ㄹ 거예요 만드는 법

동사와 형용사 어간의 마지막 음절에 받침이 없을 때는 'A/V-ㄹ 거예요', 받침이 있을 때는 'A/V-을 거예요'를 써요.

받침이 없을 때+ㄹ 거예요 보다→보다+ㄹ 거예요→볼 거예요

받침이 있을 때+을 거예요 많다→많다+을 거예요→많을 거예요

받침이 ㄷ일 때→ㄹ+을 거예요 걷다→걷다+ㄹ을 거예요→걸을 거예요

받침이 ㄹ일 때→ㄹ+ㄹ 거예요 팔다→팔다+ㄹ 거예요→팔 거예요

받침이 ㅂ일 때→우+ㄹ 거예요 춥다→춥다+울(우+ㄹ) 거예요→추울 거예요

활용 연습 다음 빈 칸을 채워 보세요.

기본형	A/V-(으)ㄹ 거예요
스키를 탈 수 있다	스키를 탈 수 있을 거예요.
소주를 마시다	
도중에 가다	
난타가 재미있다	
제주에서 살다	
번지점프가 무섭다	
김치가 맵다	
길을 묻다	

01 스키를 타 보셨어요?

가 스키를 타 보셨어요?

나 아니요, 못 타 봤어요

가 그럼 스키를 한번 타 보세요. 아주 재미있어요.

스키를 타다
아주 재미있다

떡볶이를 먹다
맵지만 맛있다

가 _____ ?

나 _____ .

가 _____ .

동대문 시장에 가다
물건 값이 싸고
종류가 많다

가 _____ ?

나 _____ .

가 _____ .

번지점프를 하다
무섭지만 재미있다

가 _____ ?

나 _____ .

가 _____ .

김치를 만들다
힘들지만 신기하다

가 _____?
나 _____.
가 _____.

인사동에 가다
한국적인 물건이
많고, 전통차를
마실 수 있다

가 _____?
나 _____.
가 _____.

만들어 보세요.

가 _____?
나 _____.
가 _____.

이 화장품을 쓰다
값이 싸지만
질이 좋다

제주도에 가다
경치가 아름답고
음식이 맛있다

02   아마 날씨가 추울 거예요.

가 이번 겨울은 날씨가 어떨까요?
나 글쎄요, 아마 추울 거예요.

이번 겨울, 날씨
어떻다/춥다

닭갈비 맛이
어떻다/맵다

가 _____ ?
나 _____ .

내일 날씨
어떻다/덥다

가 _____ ?
나 _____ .

몽골의 하늘
어떻다/파랗다

가 _____ ?
나 _____ .

만들어 보세요.

이번 시험이
어떻다/어렵다

이번 여행이
어떻다/재미있다
…

가 _____ ?
나 _____ .

03 아마 영화를 볼 거예요.

가 리리 씨가 지금 뭘 할까요?
나 글쎄요, 아마 영화를 볼 거예요.

리리 씨
지금 뭘 하다
영화를 보다

익겔 씨
지금 뭐 하다
자전거를 타다

가 _____?
나 _____.

이준기 씨가
나오는 영화
언제 개봉하다
다음 주에 개봉하다

가 _____?
나 _____.

우리 반 친구들
어디에서 공부하다
도서관에서 공부하다

가 _____?
나 _____.

만들어 보세요.
토린 씨
지금 어디에 있다
마이애미에 있다

최지영 씨
지금 무엇을 하다
공부를 하다
…

가 _____?
나 _____.

듣기 연습

문제 다음 문장을 써 보세요.

1. 비빔밥이 _____.

2. 번지점프가 _____.

3. 막걸리가 _____.

4. 시험이 _____.

5. 이 영화가 _____.

이준기와 이야기하기 1

CD를 듣고 이준기와 대화해 보세요.

이 준 기   어! 스테파니 씨, 지금 뭐 하세요?

스테파니   이번 주말에 부산에 가려고 여행 계획을 짜고 있어요.

그런데 이준기 씨, 부산에 가 보셨어요?

이 준 기   물론이죠! 제 고향이 부산이에요.

저도 이번 주말에 부산에 가는데 같이 갈까요?

스테파니   정말요? 좋아요! 그런데 부산은 뭐가 유명해요?

이 준 기   부산은 해운대와 영도다리에서 보는 야경이 아주 유명해요.

그리고 다양한 먹거리가 있어요.

스테파니   아! 그래요? 저는 부산에 가면 맛있는 음식을 많이 먹을 거예요.

그런데 부산에서 제일 유명한 음식은 뭐예요?

이 준 기   부산은 유명한 음식이 아주 많아요.

그중에서 부산어묵하고 씨앗호떡은 꼭 드셔 보세요.

스테파니   씨앗호떡요? 씨앗호떡이 뭐예요?

이 준 기   서울에서 파는 호떡 속에는 설탕만 들어 있는데

부산의 씨앗호떡 속에는 해바라기씨, 호박씨, 땅콩 가루 등의

여러 가지 고소한 씨앗이

들어 있어요.

스테파니   그래요? 정말 맛있겠군요!

이준기와 이야기하기 2

이준기

안녕하세요? 저는 이준기입니다.

저는 여행을 무척 좋아해요. 그래서 오늘은 여러분께

제가 좋아하는 여행지를 소개하겠습니다.

바로 일본의 요코하마예요. 요코하마는 도쿄에서 전철로

30~40분 정도 걸리는 곳이에요. 요코하마는 항구도시여서

외국 문화를 빨리 받아들인 곳이에요. 그래서 지금도

옛날 서양식 건물이 많이 있어서 요코하마만의 독특한

분위기가 있어요. 멋진 건물들 앞에서 사진을 찍어 보세요.

좋은 추억이 될 거예요. 그리고 신기한 박물관도 있어요.

라면박물관, 카레박물관……. 재미있지요?

맛있는 라면과 카레의 역사도 알 수 있고 먹어 볼 수도 있고

선물로 사 올 수도 있어요. 꼭 가 보세요. 재미있을 거예요.

마지막으로 요코하마는 야경으로도 매우 유명해요.

요코하마의 아름다운 야경을 보면서 데이트하는

사람들이 아주 많아요.

여러분도 여자 친구, 남자 친구와 야경을

보면서 데이트를 해 보는 건 어떨까요?

아주 낭만적일 거예요.

읽어 보기

삼다三多삼무三無의 섬, 제주

제주도는 섬이라는 지리적인 환경 속에서 고유의 민속 문화를 간직하고 있는 매력적인 곳입니다. 섬 한가운데 우뚝 솟은 한라산을 비롯해 다양한 동식물이 살고 있는 산림과 아름다운 자연 경관이 인상적인 곳이지요.
또한 제주도는 '삼다三多'와 '삼무三無'로 유명한 곳입니다. '삼다'라는 것은 삼三, 즉 세 가지가 다多, 많다는 뜻이고 '삼무'는 세 가지가 무無, 없다는 뜻입니다. 그렇다면 제주도에 많은 건 무엇이고 없는 건 무엇일까요?

제주도에 많은 것 세 가지는 바람, 돌, 여자입니다. 제주도는 태풍이 지나는 곳에 자리 잡고 있어서 바람이 아주 많이 불고 날씨의 변화도 굉장히 많은 곳입니다. 제주도 사람들은 돌담을 쌓거나 지붕을 튼튼히 만드는 등의 지혜를 발휘하여 이런 기후의 악조건을 슬기롭게 이겨 냈습니다.
또 한라산의 화산 활동으로 제주도에는 돌이 많습니다. 그래서 돌담, 돌하르방 등 멋진 제주도의 명물들이 탄생하기도 했지만, 수많은 돌들을 치우고 밭을 개간하여 생활을 해야 했기 때문에 어려움이 많았습니다.
마지막으로는 여자가 많습니다. 제주도는 섬으로, 생업이 주로 바다에 나가 고기를 잡는 일인 만큼 바다에서 목숨을 잃는 남자들이 많았습니다.
그래서 자연히 여자가 많고 여자들도 척박한 환경 속에서 활발하게 일을 하며 생활하고 있습니다.

그럼, 제주도에 없는 세 가지는 무엇일까요?
그것은 바로 도둑, 대문, 거지입니다.

읽어 보기

예로부터 제주도는 근면, 절약, 상부상조를 미덕으로 삼고 살았습니다.
즉 부지런하게 살고 아끼며 서로를 도왔으므로 다른 사람의 물건을 훔칠
필요도 없고, 그것을 막기 위한 대문도 필요 없었으며 구걸을 할 정도로
가난한 거지도 없었다는 이야기입니다. 물론, 지금은 현대화로 인해
옛 모습이 많이 사라졌지만, 여전히 정이 많고 여유로운 제주 사람들을
만나는 것도 제주도 여행에서 빼놓을 수 없는 재미입니다.

읽어 보기 단어

지리적[지리적]	**환경**[환경]	**민속 문화**[민송문화]
우뚝[우뚝]	**솟다**[솓따]	**동식물**[동싱물]
산림[살림]	**자연 경관**[자연경관]	**인상적**[인상적]
돌[돌]	**지붕**[지붕]	**기후**[기후]
악조건[악쪼껀]	**화산 활동**[화산활똥]	**명물**[명물]
탄생하다[탄생하다]	**개간하다**[개간하다]	**생업**[생업]
척박하다[척빠카다]	**도둑**[도둑]	**대문**[대문]
거지[거지]	**근면**[근면]	**절약**[저략]
상부상조[상부상조]	**미덕**[미덕]	**훔치다**[훔치다]
구걸을 하다[구거를하다]	**현대화**[현대화]	**목숨을 잃다**[목쑤믈일타]
슬기롭게 이겨내다[슬기롭께이겨내다]		
생활을 하다[생화를하다]		
지혜를 발휘하다[지혜를발휘하다]		

한국어 말하기 대회에 나가 본 적이 있어요?

학습 목표

상황

경험 표현하기

어휘

지명, 영화

문법

V-(으)ㄴ 적이 있다/없다
A/V-거든요
A/V-았/었거든요
A/V-(으)ㄹ 거거든요
V-(으)ㄹ 뻔하다

CD로 들어 보세요
00:15

하즈키 여보세요? 보리스 씨, 지금 전화 받을 수 있어요?

보리스 아, 하즈키 씨, 괜찮아요. 무슨 일이에요?

하즈키 뭐 좀 물어보려고요.

그런데 보리스 씨, 지금 뭐 하고 있었어요?

보리스 도서관에 가려고 했어요. 다음 주에 한국어 말하기 대회가

있어서 원고를 써야 하거든요.

하즈키 보리스 씨, 한국어 말하기 대회에 나가요?

보리스 네. 제가 우리 반 대표로 나가게 되었어요.

하즈키 씨는 한국어 말하기 대회에 나가 본 적이 있어요?

하즈키	아니요, 한국어 말하기 대회에 나가 본 적은 없지만,
	한국어 글짓기 대회에 나가 본 적은 있어요.
	저는 글 쓰는 걸 좋아하거든요.
보리스	글짓기 대회요? 와, 대단해요.
	저는 한국어로 글 쓰는 건 아직 어려운데…….
	사실 말하기 대회도 자신이 없어요.
하즈키	보리스 씨, 너무 걱정하지 마세요. 저도 너무 어려워서
	도중에 포기할 뻔했지만, 선생님이 많이 가르쳐 주시고
	격려해 주셔서 끝까지 할 수 있었어요.
보리스	그랬군요! 고마워요. 저도 끝까지 최선을 다할 거예요.
하즈키	네. 분명히 멋진 추억이 될 거예요. 힘내세요.
보리스	아, 하즈키 씨, 저한테 뭐 물어본다고 하지 않았어요?
하즈키	아, 맞다. 다른 얘기만 하다가 끊을 뻔했군요!
	이따가 저녁에 비비엔 씨하고 요나단 씨하고 같이
	영화를 볼 거거든요. 보리스 씨도 같이 갈래요?
보리스	네. 좋아요. 그럼 저녁에 만나요.

01 동사

살다[살:다]   미끄러지다[미끄러지다]

부딪히다[부디치다]   데다[데다]

태우다[태우다]   삼키다[삼키다]

졸다[졸:다]   쏟다[쏟따]

다치다[다치다]   취재하다[취재하다]

수다를 떨다[수다를떨다]   세수하다[세수하다]

이를 닦다[이를닥따]   지나가다[지나가다]

하늘을 날다[하느를날다]   발로 차다[발로차다]

끊어지다[끄너지다]   깔리다[깔리다]

포기하다[포:기하다]   격려하다[경녀하다]

지각하다[지가카다]   알람이 울리다[알라미울리다]

힘내다[힘내다]   전화를 받다[전화를받따]

물어보다[무러보다]   깜짝 놀라다[깜짱놀라다]

02 형용사

인기가 있다[인끼가읻따]   심하다[심하다]

피곤하다[피곤하다]   분주하다[분주하다]

정신이 없다[정시니업따]   큰일나다[크닐나다]

4-1   어휘와 표현

다행이다[다행이다]

대단하다[대단하다]

높다[놉따]

귀찮다[귀찬타]

03   부사

하마터면[하마터면]

이만[이만]

뻘뻘[뻘뻘]

오히려[오히려]

04   영화

영화 평론가[영화평논가]

무술 영화[무수령화]

감독[감독]

장면[장면]

공포 영화[공포영화]

상대 배우[상대배우]

스태프[스태프]

와이어[와이어]

05   지명

뉴욕[뉴욕]

하와이[하와이]

아프리카[아프리카]

뉴질랜드[뉴질랜드]

06 기타

기둥[기둥]

동전[동전]

잔소리[잔소리]

덜렁이[덜렁이]

신문사[신문사]

매트리스[매트리스]

판소리[판쏘리]

한국어 말하기 대회[한구거말하기대회]

치약[치약]

직원[지권]

안색[안색]

혀[혀]

대표[대표]

버스 정류장[버스정뉴장]

한국어 글짓기 대회[한구거글진끼대회]

발 / 음 / 규 / 칙

'벖'의 발음 겹받침단순화

겹받침 /벖/은 어말이나 자음 앞에서 /ㅂ/[읍]으로 발음되고, 모음으로 시작된 조사나 어미 앞에서는 /벖/ 중 뒤의 /ㅅ/은 뒤 음절 첫소리로 옮겨 /ㅆ/[쓰]로 발음해요.

$$없어요 ⇒ [업:써요]$$

$$벖 + ㅇ ⇒ ㅂ + ㅆ$$

없으면[업:쓰면]   **없다**[업:따]   **값이**[갑씨]   **값을**[갑쓸]

01 V-(으)ㄴ 적이 있다/없다

상황 '저는 5년 전에 프라하에 가 봤어요.' 이럴 때 "저는 프라하에 가 본 적이 있어요."라고 말해요. '저는 한 번도 이준기 씨를 못 만났어요. 만난 일이 없어요.' 이럴 때 "저는 이준기 씨를 만난 적이 없어요."라고 말해요.

설명 이렇게 'V-(으)ㄴ 적이 있다/없다'는 '가다, 만나다'와 같은 동사 뒤에 연결되어 그 행동을 한 경험을 말할 때 사용하는 말이에요. 그 행동을 한 경험이 있을 때는 'V-(으)ㄴ 적이 있다'를 쓰고, 없을 때는 'V-(으)ㄴ 적이 없다'를 써요.

저는 이준기 씨를 만난 적이 없어요.

스키를 타 본 적이 있어요.

한국 영화를 본 적이 있어요.

번지점프를 해 본 적이 없어요.

몽골에 가 본 적이 없어요.

V-(으)ㄴ 적이 있다/없다 만드는 법

동사의 어간 마지막 음절에 받침이 없을 때는 'V-ㄴ 적이 있다', 받침이 있을 때는
'V-은 적이 있다'를 써요.

받침이 없을 때+ㄴ 적이 있다 공연을 보다+ㄴ 적이 있다→공연을 본 적이 있다

받침이 있을 때+은 적이 있다 호떡을 먹다+은 적이 있다→호떡을 먹은 적이 있다

받침 ㄷ일 때→ㄹ+은 적이 있다 소문을 듣다+ㄹ은 적이 있다→소문을 들은 적이 있다

받침 ㄹ일 때→ㄹ+ㄴ 적이 있다 뉴욕에 살다+ㄴ 적이 있다→뉴욕에 산 적이 있다

받침 ㅂ일 때→우+ㄴ 적이 있다 휴지를 줍다+운(우+ㄴ) 적이 있다→휴지를 주운 적이 있다

활용 연습 다음 빈 칸을 채워 보세요.

기본형	V-(으)ㄴ 적이 있다	V-(으)ㄴ 적이 없다
밥을 태우다		
제주도에 가다		
중국술을 마시다		
담배를 끊다		
떡볶이를 먹다		
올레길을 걷다		
김밥을 만들다		
동전을 줍다		

02 A/V-거든요, A/V-았/었거든요
A/V-(으)ㄹ 거거든요

상황   '저는 요즘 저녁을 안 먹어요. 왜냐하면 다이어트를 하기 때문이에요.' 이럴 때 "저는 요즘 저녁을 안 먹어요. 다이어트를 하거든요"라고 말해요. '요즘 한국 영화가 인기가 있어요. 왜냐하면 재미있기 때문이에요' 이럴 때 "요즘 한국영화가 인기가 있어요. 재미있거든요."라고 말해요. 그리고 "새 가방을 샀거든요."라는 말 뒤에는 "제가 들고 있는 바로 이 가방이에요."와 같은 다음 말이 바로 이어지기도 해요.

설명   이렇게 'A/V-거든요'는 '다이어트를 하다, 재미있다'와 같은 동사와 형용사 뒤에 연결되어 앞에 온 문장의 이유나 사실을 설명할 때, 그리고 다음에 다른 말이 이어짐을 암시하여 듣는 사람의 주의를 끌 때 사용해요.

다이어트를 하거든요.

요즘 K-POP이 인기가 있어요.
한국 가수들이 노래를 잘하거든요.

오늘부터 중국어를 공부할 거거든요.
그래서 시간이 없어요.

A/V-거든요 만드는 법

동사와 형용사의 어간 마지막 음절에 받침이 없을 때와 받침이 있을 때 모두 'A/V-거든요'를 써요.

받침이 없을 때+거든요 사랑하다+거든요→사랑하거든요

받침이 있을 때+거든요 떡볶이가 맵다+거든요→떡볶이가 맵거든요

A/V-았/었거든요 만드는 법

동사와 형용사의 어간 마지막 음절에 ㅏ, ㅗ가 없을 때는 'A/V-었거든요', ㅏ, ㅗ가 있을 때는 'A/V-았거든요'를 써요.

ㅏ, ㅗ가 없을 때+었거든요 호떡을 먹다+었거든요→호떡을 먹었거든요

ㅏ, ㅗ가 있을 때+았거든요 영화를 보다+았거든요→영화를 봤거든요

받침이 ㄷ일 때→ㄹ+었거든요 1시간을 걷다+ㄹ었거든요→1시간을 걸었거든요

받침이 ㅂ일 때→우+었거든요 맵다+웠(우+었)+거든요→매웠거든요

A/V-(으)ㄹ 거거든요 만드는 법

동사와 형용사의 어간 마지막 음절에 받침이 없을 때는 'A/V-ㄹ 거거든요', 받침이 있을 때는 'A/V-을 거거든요'를 써요.

받침이 없을 때+ㄹ 거거든요 가다+ㄹ 거거든요→갈 거거든요

받침이 있을 때+을 거거든요 많다+을 거거든요→많을 거거든요

받침이 ㄷ일 때→ㄹ+을 거거든요 K-POP을 듣다+ㄹ을 거거든요

→K-POP을 들을 거거든요

받침이 ㄹ일 때→ㄹ+ㄹ 거거든요 중국에 살다+ㄹ 거거든요→중국에 살 거거든요

받침이 ㅂ일 때→우+ㄹ 거거든요 춥다+울(우+ㄹ) 거거든요→추울 거거든요

문법

활용 연습 다음 빈 칸을 채워 보세요.

기본형	A/V-았/었거든요	A/V-거든요	A/V-(으)ㄹ 거거든요
여행을 가다			
공원을 걷다			
도쿄에 살다			
날씨가 춥다			
바쁘다			

---

03 V-(으)ㄹ 뻔하다

상황 '오늘 아침에 늦잠을 자서 지각할 것 같았어요. 그래서 학교에 아주 빨리 뛰어 갔어요. 그래서 간신히 지각하지 않았어요.' 이럴 때 "늦잠을 자서 지각할 뻔했어요."라고 말해요. '다른 곳을 보면서 걸어가다가 돌에 걸려서 넘어졌어요. 그런데 다치지 않았어요.' 이럴 때 "넘어져서 다칠 뻔했어요."라고 말해요.

설명 이렇게 'V-(으)ㄹ 뻔하다'는 '지각하다, 다치다'와 같은 동사 뒤에 연결되어 사실은 지각하지도 않았고, 다치지도 않았지만 그 일이 거의 일어날 것 같았음을 말할 때 사용해요.

눈이 오는 날 미끄러져서 넘어질 뻔했어요.

번지점프를 하다가 무서워서 죽을 뻔했어요.

늦잠을 자서 지각할 뻔했어요.

넘어져서
다칠 뻔했어요.

V-(으)ㄹ 뻔하다 만드는 법

동사의 어간 마지막 음절에 받침이 없을 때는 'V-ㄹ 뻔하다', 받침이 있을 때는
'V-을 뻔하다'를 써요.

받침이 없을 때+ㄹ 뻔하다 넘어지다+ㄹ 뻔하다 → 넘어질 뻔하다

받침이 있을 때+을 뻔하다 죽다+을 뻔하다 → 죽을 뻔하다

받침이 ㄷ일 때→ㄹ+을 뻔하다 묻다+ㄹ을 뻔하다 → 물을 뻔하다

받침이 ㄹ일 때→ㄹ+ㄹ 뻔하다 아프리카에 살다+ㄹ 뻔하다 → 아프리카에 살 뻔하다

받침이 ㅂ일 때→우+ㄹ 뻔하다 줍다+울(우+ㄹ) 뻔하다 → 주울 뻔하다

활용 연습 다음 빈 칸을 채워 보세요.

기본형	V-(으)ㄹ 뻔했어요	기본형	V-(으)ㄹ 뻔했어요
지각하다		코를 골다	
데다		치약을 삼키다	
부딪히다		벌을 받다	

01 판소리를 들어 본 적이 있어요.

판소리를 들어 보다 ○

가 판소리를 들어 본 적이 있어요?
나 네, 판소리를 들어 본 적이 있어요.

한복을
입어 보다 ○

가 _____ ?
나 _____ .

호떡을
먹어 보다 ○

가 _____ ?
나 _____ .

번지점프를
해 보다 ○

가 _____ ?
나 _____ .

만들어 보세요.

경주에 가 보다 ○
수영을 배우다 ○
…

가 _____ ?
나 _____ .

가 소주를 마셔 본 적이 있어요?

나 아니요, 아직 마셔 본 적이 없어요.

소주를
마셔 보다 ✕

이준기 씨를
만나 보다 ✕

가 _____?

나 _____.

아프리카에
가 보다 ✕

가 _____?

나 _____.

말을
타 보다 ✕

가 _____?

나 _____.

만들어 보세요.

볼링을 치다 ✕
미술관에 가 보다 ✕
…

가 _____?

나 _____.

02   백화점보다 싸거든요.

가 왜 동대문시장에서 옷을 사요?

나 백화점보다 싸거든요.

동대문시장에서 옷을 사다
백화점보다 싸다

매일 그 식당에서
밥을 먹다
맛있고 친절하다

가 _____?

나 _____.

직원들이
사장님을 싫어하다
잔소리가 심하다

가 _____?

나 _____.

스테파니 씨가
인기가 많다
예쁘고 상냥하다

가 _____?

나 _____.

만들어 보세요.

이사를 가다
집이 멀어서 귀찮다

매년 한국에 가다
싸고 음식이 맛있다
…

가 _____?

나 _____.

03 같은 학교에 다녔거든요.

가 그 친구하고 친해요?
나 네, 전에 같은 학교에 다녔거든요.

그 친구하고 친하다
전에 같은 학교에 다니다

기분이 좋아 보이는데
무슨 일이 있다
용돈을 받다

가 _____?
나 _____.

피곤해 보이는데
무슨 일이 있다
어제 잠을 못 자다

가 _____?
나 _____.

안색이 안 좋은데
무슨 일이 있다
감기에 걸리다

가 _____?
나 _____.

만들어 보세요.

어제 병원에 갔다
체하다

지금 기분이 안 좋아요
친구와 싸우다
…

가 _____?
나 _____.

04 다음 달에 결혼할 거거든요.

가 얼굴이 좋아 보이는데 무슨 일이 있어요?

나 다음 달에 결혼할 거거든요.

얼굴이 좋아 보이는데
무슨 일이 있다
다음 달에 결혼하다

요즘 왜
매일 영화를 보다
영화 평론가가 되다

가 _____?

나 _____.

왜 다음 주부터
수영장에 다니기로 했다
다이어트를 하다

가 _____?

나 _____.

왜 한국어를 공부하다
내년에 한국에
유학가다

가 _____?

나 _____.

만들어 보세요.

왜 기분이 좋다
저녁에 데이트를 하다

요즘 왜 매일
도서관에 가다
내년에 대학원에 가다
…

가 _____?

나 _____.

05 자동차하고 부딪힐 뻔했어요.

> 가 안색이 안 좋아 보이는데 무슨 일이 있어요?
> 나 자전거를 타고 가다가 자동차하고
> 부딪힐 뻔했어요.

자전거를 타고 가다
자동차하고 부딪히다

친구와 이야기하다
버스를 못 타다

가 _____?
나 _____.

공포 영화를 보다
무서워서 죽다

가 _____?
나 _____.

전화를 하면서 가다
기둥에 부딪혀서
커피를 쏟다

가 _____?
나 _____.

만들어 보세요.
뛰어가다
넘어져서 다리를
다치다

지하철에서 졸다
못 내리다
…

가 _____?
나 _____.

듣기 연습

문제 다음 문장을 듣고 O, ×로 대답해 보세요.

〈 보기 〉 리리 씨는 오늘 한가했다. (×)

1. 리리 씨는 오늘 커피를 두 번 쏟았다. (   )

2. 리리 씨는 이준기 씨 팬사인회에 못 갔다. (   )

3. 리리 씨는 오늘 지나가는 사람과 부딪혔다. (   )

4. 리리 씨는 오늘 다리를 다쳤다. (   )

5. 리리 씨는 오늘 버스에서 졸았다. (   )

이준기와 이야기하기 1

CD를 듣고 이준기와 대화해 보세요.

CD로 들어 보세요
10:08

이준기	하즈키 씨, 땀을 뻘뻘 흘리고…… 무슨 일 있어요?
하즈키	아, 오늘 아침은 정말 힘들었어요.
이준기	왜요?
하즈키	알람이 울렸는데 꺼 버려서 늦잠을 잤어요.
이준기	아이고! 지각할 뻔 했군요.
하즈키	그래서 서둘러 샤워하면서 이를 닦다가 치약을 먹을 뻔했어요.
이준기	힘든 아침이었겠네요.
하즈키	그리고 지하철을 타러 뛰어 가다가 계단에서 넘어질 뻔했어요.
이준기	저런, 다치지는 않았어요?
하즈키	네, 다행히 다치지는 않았어요. 그리고 또 있어요.
이준기	또 있어요?
하즈키	네, 지하철에서 내려서 뛰어오다가 다른 사람과 부딪혀서 하마터면 그 사람이 들고 있던 커피를 쏟을 뻔했어요.
이준기	아이고 하즈키 씨, 정말 힘들었겠네요. 여기 앉아서 좀 쉬세요.

이준기와 이야기하기 2

CD를 잘 듣고 질문에 답해 보세요.

CD로 들어 보세요
12:08

이준기

저는 무술 영화에 처음 출연했을 때 촬영장에서
죽을 뻔한 일이 있었어요. 하늘을 날아가서 상대 배우를
발로 차는 장면이었는데 와이어가 끊어져서 죽을 뻔했어요.
그래서 감독님과 스태프들도 깜짝 놀랐어요.
다행히 매트리스가 깔려 있어서 별로 다치지 않았어요.
그래서 저는 높은 곳에 올라가는 것이 정말 무서워요.
2년 전에 뉴질랜드에 갔을 때 팬들하고 같이 번지점프를
해 본 적이 있는데 역시 무서워서 죽을 뻔했어요.
사실 저는 높은 곳에 올라가는 것이 정말 무서워요.
그래서 처음에는 팬들이 번지점프 하는 것을 구경만 했어요.
그런데 팬들이 저에게 "이준기 씨도 한번 해 보세요.
보는 것보다 무섭지 않고 재미있어요."라고 말했어요.
한참을 고민하다가 한 번 용기를 내서 해 봤는데 너무
무서워서 죽을 뻔했어요. 휴! 만약에 한 번만 더 했으면
전 죽었을 거예요. 지금도 그때 일을
생각만 해도 무서워요.

한국의 시조 신화, 단군 할아버지

한국은 5,000년의 오랜 역사를 지닌 나라예요. 나라마다 시조 신화가 있는데 한국의 시조 신화는 단군 할아버지예요. 지금의 한국 땅에 최초로 세워진 나라가 고조선인데요, 고조선을 세우신 분이 바로 단군 할아버지예요.

단군 할아버지의 탄생 이야기가 참 재미있어요. 옛날에 하늘나라의 천제인 환인의 아들 환웅이 인간 세상에 내려와 태백산 아래에 자리를 잡고 '홍익인간'(인간을 널리 이롭게 한다)의 이념으로 세상을 다스렸다고 해요. 그때 곰 한 마리와 호랑이 한 마리가 환웅을 찾아와 인간이 되게 해 달라고 간청했답니다. 그래서 환웅이 쑥 한 자루와 마늘 20통을 주고 동굴 속에서 이것만 먹고 100일 동안 햇빛을 보지 않으면 사람이 될 거라고 했어요. 그런데 호랑이는 그만 참지 못하고 동굴을 뛰쳐나갔고, 곰은 잘 참아서 예쁜 여자가 되었어요. 여자가 된 곰은 환웅과 결혼을 해서 아들을 낳았는데, 그 아들이 바로 고조선을 세운 단군이에요. 그래서 한국인들을 '단군의 자손'이라고도 해요.

제가 짐을
들어 드릴게요

학습 목표

상황

요청하기, 부탁하기

어휘

이사, 집들이

문법

A/V–기는요
V–(으)ㄹ게요
N들

CD로 들어 보세요
00:15

〈새로 이사 간 리리의 집에서〉

리 리 이준기 씨, 와 줘서 고마워요.

이준기 고맙기는요. 당연히 와야죠. 뭐부터 도와 드릴까요?

리 리 그럼 이준기 씨, 이 상자 좀 받아 주세요.

이준기 네, 알겠습니다. 이 상자 안에 있는 옷들은 어떻게 할까요?

리 리 그 옷들은 작은방에 있는 옷장 안에 걸어 주세요.

이준기 여기 있는 커피 잔은 씻어 드릴까요?

리 리 네, 씻어서 건조대 위에 놓아 주세요.

이준기 리리 씨, 이제 정리는 다 했지요?

리 리　네, 그런데 필요한 물건이 있어서 마트에 사러 가야 해요.

이준기　그래요? 그럼 저도 같이 가서 짐을 들어 드릴게요.

리 리　정말요? 고마워요.

〈대형 마트에서〉

이준기　리리 씨, 쇼핑 카트를 가져 올게요. 여기서 조금만 기다리세요.

리 리　네, 고마워요.

　　　　(잠시 후) 이준기 씨, 이 커튼 어때요? 예쁘죠?

이준기　네, 예뻐요. 그런데 하얀색은 금방 더러워져요.

　　　　잠깐만요, 저기요! 이 커텐 다른 색깔은 없어요?

점 원　네, 손님. 분홍색이랑 연두색이 있는데 보여 드릴까요?

리 리　네, 이준기 씨, 연두색 예쁘죠?

이준기　와! 아주 예쁘네요. 그럼 이걸로 살까요?

리 리　네. 이준기 씨, 오늘 여러 가지로 고마웠어요.

이준기　뭘요! 다음에 집들이 꼭 하세요.

리 리　네, 물론이지요.

CD로 들어 보세요
04:58

01　이사

큰방[큰빵]　　　　　　　　작은방[자근빵]

거실[거:실]　　　　　　　　주방[주방]

짐[짐]　　　　　　　　　　상자[상자]

옷장[온짱]　　　　　　　　싱크대[싱크대]

식탁[식탁]　　　　　　　　소파[소파]

침대[침대]　　　　　　　　커피 잔[커피잔]

식기세척기[식끼세척끼]　　건조대[건조대]

냉장고[냉장고]　　　　　　전자레인지[전자레인지]

선풍기[선풍기]　　　　　　커튼/커텐[커튼/커텐]

집들이[집뜨리]　　　　　　쓰레기[쓰레기]

02　동사

이사하다[이사하다]　　　　걸다[걸다]

씻다[씯따]　　　　　　　　들다[들다]

정리하다[정니하다]　　　　치우다[치우다]

버리다[버리다]　　　　　　한턱내다[한텅내다]

입에 맞다[이베맏따]　　　　부수다[부수다]

연락하다[열라카다]　　　　양보하다[양:보하다]

모르다[모르다]　　　　　　부르다[부르다]

03 형용사

고맙다[고맙따]   필요하다[피료하다]

하얗다[하야타]   가난하다[가난하다]

못생기다[몯쌩기다]   한가하다[한가하다]

지루하다[지루하다]   심심하다[심심하다]

무겁다[무겁따]   빠르다[빠르다]

게으르다[게으르다]   생생하다[생생하다]

04 기타

당연히[당연히]   마트[마트]

쇼핑 카트[쇼핑카트]   분홍색[분홍색]

연두색[연두색]   색깔[색깔]

음치[음치]   근처[근처]

＊오피스텔[오피스텔]   사이[사이]

차[차]   녹차[녹차]

인삼차[인삼차]   ＊＊전통찻집[전통 찯찝]

금방[금방]   여러 가지[여러가지]

푹[푹]   작품성[작품썽]

＊오피스텔은 간단한 주거 기능을 갖춘 사무실을 말합니다. 한국에는 1980년대에 처음으로 등장했는데, 여러 가지 편의시설이나 보안이 잘 되어 있어 소호 사업자들이나 혼자, 또는 둘이서 사는 사람들이 많이 이용하고 있어요. 최근에는 대도시뿐만 아니라 지방 도시들에도 오피스텔이 많이 생겨나고 있어요.

＊＊한국은 요즘 커피 열풍이라고 할 정도로 카페가 많이 들어서 있고 많은 사람들이 커피를 즐기고 있습니다. 하지만 그런 가운데에서도 예로부터 사랑받아 온 한국의 전통차도 꾸준히 사랑받고 있어서 인사동 등지에 가면 전통찻집을 찾는 사람을 많이 볼 수 있습니다. 한국의 전통차는 종류도 다양하고 자연 재료를 사용하기 때문에 몸에도 좋아서 요즘 다시 관심을 가지는 사람들이 많아졌어요.

전통차

발 / 음 / 규 / 칙

'ㄹ'의 발음 유음의 비음화

유음 /ㄹ/은 받침 /ㅁ, ㅇ/[음, 응] 뒤의 첫소리에 올 경우 비음 /ㄴ/[느]로 발음해요.

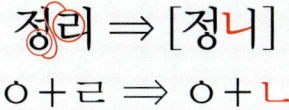

정리 ⇒ [정니]

ㅇ + ㄹ ⇒ ㅇ + ㄴ

대통령[대통녕]　　**향로**[항노]　　**담력**[담녁]　　**침략**[침냑]

01 A/V-기는요

스키를 잘 타기는요.

상황 '다른 사람이 "스키를 잘 타는군요!"라고 했는데 저는 그렇게 생각하지 않아요. 오히려 스키를 잘 못 탄다고 생각해요.' 이럴 때 "스키를 잘 타기는요. 전혀 그렇지 않아요."라고 말해요. '다른 사람이 "여자 친구가 정말 예쁘군요!"라고 했는데 저는 그렇게 생각하지 않아요. 오히려 못생겼다고 생각해요.' 이럴 때 "예쁘기는요. 전혀 그렇지 않아요."라고 말해요.

설명 이렇게 'A/V-기는요'는 '잘 타다, 예쁘다'와 같은 동사와 형용사에 연결되어 그 동사와 형용사가 가리키는 것보다 훨씬 나쁜 상황을 나타낼 때 사용해요.

가 노래를 잘하시는군요!
나 노래를 잘하기는요. 음치인데요.

가 저 사람이 돈이 많군요!
나 돈이 많기는요. 얼마나 가난한데요.

가 도와주셔서 정말 고마워요!
나 고맙기는요. 우리는 친구잖아요.

A/V-기는요 만드는 법

동사와 형용사 어간의 마지막 음절에 받침이 없을 때와 있을 때 모두 'A/V-기는요'를 써요.

받침이 없을 때+기는요 바쁘다+기는요 → 바쁘기는요

받침이 있을 때+기는요 잘 먹다+기는요 → 잘 먹기는요

활용 연습 다음 빈 칸을 채워 보세요.

기본형	A/V-기는요	기본형	A/V-기는요
시험을 잘 보다		예쁘다	
잘하다		바쁘다	
많이 먹다		귀엽다	
취직하다		맛있다	
피아노를 잘 치다		고맙다	
공부를 잘하다		미안하다	
돈이 많다		괜찮다	
한가하다		행복하다	
미안하다		푹 자다	
생생하다		고집이 세다	
기분 나쁘다		기분 좋다	

02 V-(으)ㄹ게요

상황 '밥을 살 거예요. 그런데 다른 사람이 아니라 제가 살 거예요.' 이럴 때 "제가 밥을 살게요."라고 말해요. '선생님의 책을 들어 드릴 거예요. 그런데 다른 사람이 아니라 제가 들어 드릴 거예요.' 이럴 때 "제가 책을 들어 드릴게요."라고 말해요.

설명 이렇게 'V-(으)ㄹ게요'는 '사다, 들어 드리다'와 같은 동사에 연결되어 말하는 사람 자신을 가리키는 '제가, 저는'과 같이 써서 그 동사를 하겠다는 의사를 표현할 때 사용해요. 다른 사람의 행동에는 사용할 수 없으니 주의하세요.

제가 책을 들어 드릴게요.

선생님, 제가 읽을게요.

저는 밥을 살게요.
리리 씨는 커피를 사세요.

제가 가방을 들어 드릴게요.

저는 쓰레기를 버려 드릴게요.

V-(으)ㄹ게요 만드는 법

동사 어간의 마지막 음절에 받침이 없을 때는 'V-ㄹ게요', 받침이 있을 때는 'V-을게요'를 써요.

받침이 없을 때+ㄹ게요 커피를 사다+ㄹ게요→커피를 살게요

받침이 있을 때+을게요 빵을 먹다+을게요→빵을 먹을게요

받침이 ㄷ일 때→ㄹ+을게요 공원을 걷다+ㄹ을게요→공원을 걸을게요

받침이 ㄹ일 때→ㄹ+ㄹ게요 피자를 만들다+ㄹ게요→피자를 만들게요

받침이 ㅂ일 때→우+ㄹ게요 휴지를 줍다+울(우+ㄹ)게요→휴지를 주울게요

활용 연습 다음 빈 칸을 채워 보세요.

기본형	V-(으)ㄹ게요	기본형	V-(으)ㄹ게요
도와주다		갈비탕을 먹다	
연락하다		신문을 읽다	
녹차를 마시다		공원을 걷다	
보여 드리다		휴지를 줍다	
창문을 열다		김치를 만들다	
한턱내다		이따가 먹다	
메일을 보내다		또 오다	
기다리다		잠깐 쉬다	

03 N들

상황   '친구가 많이 있어요. 비비엔, 리리, 요나단, 수파킷 등이 있어요.' 이럴 때 "친구들이 있어요."라고 말해요. '책이 많이 있어요. 한국어책, 중국어책, 일본어책, 역사책, 잡지 등이 있어요.' 이럴 때 "책들이 있어요."라고 말해요.

설명   이렇게 'N들'은 'N'의 자리에 오는 명사가 여러 개 있을 때, 즉 복수를 나타낼 때 사용해요.

책들이 있어요.

이번 방학에 친구들과 프랑스에 가기로 했어요.

광장에 사람들이 많이 있어요.

도서관에는 책들이 많아서 좋아요.

동생이 장난감들을 다 부쉈어요.

N들 만드는 법

명사의 마지막 음절에 받침이 없을 때와 있을 때 모두 'N들'을 써요.

받침이 없을 때+들 친구+들→친구들, 휴지+들→휴지들

받침이 있을 때+들 산+들→산들, 사람+들→사람들

01   잘하기는요. 아직 멀었어요.

가 태권도를 정말 잘하시는군요!

나 잘하기는요. 아직 멀었어요.

태권도를
잘하다

말을
잘 타다

가 _____!

나 _____.

노래를
잘 부르다

가 _____!

나 _____.

피아노를
잘 치다

가 _____!

나 _____.

만들어 보세요.

한국말을 잘하다
달리기가 빠르다
…

가 _____!

나 _____.

02 예쁘기는요. 얼마나 못생겼는데요.

가 딸이 예쁘지요?

나 예쁘기는요. 얼마나 못생겼는데요.

딸이 예쁘다
못생기다

부지런하다
게으르다

가 _____ ?

나 _____ .

한국 생활이 힘들다
재미있다

가 _____ ?

나 _____ .

요즘 바쁘다
한가하다

가 _____ ?

나 _____ .

요리가 맛있다
맛없다

가 _____ ?

나 _____ .

노래를 잘 부르다
못 부르다

가 _____?

나 _____.

작품성이 있다
별로다

가 _____?

나 _____.

만들어 보세요.

가 _____?

나 _____.

한국 날씨가
따뜻하다/덥다

보리스 씨가
다정하다/무뚝뚝하다

이 영화가
지루하다/재미있다

03 제가 사진을 찍어 드릴게요.

가 누가 사진을 찍어 줄 수 있어요?
나 제가 사진을 찍어 드릴게요.

사진을
찍다

노래를
부르다

가 _____?
나 _____.

창문을
닫다

가 _____?
나 _____.

가방을
들다

가 _____?
나 _____.

설거지를
하다

가 _____?
나 _____.

문을
열다

가 _____?
나 _____.

자리를
양보하다

가 _____?
나 _____.

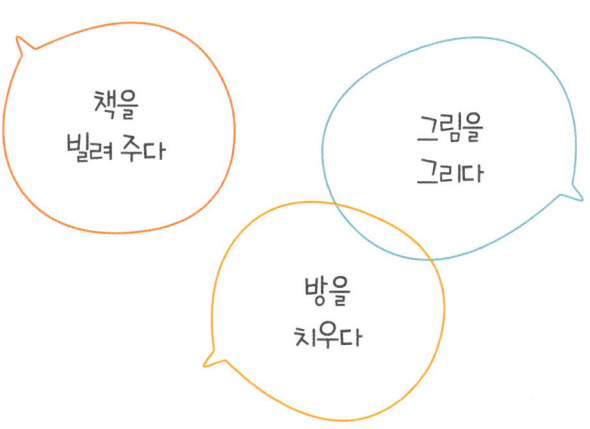

가 _____?
나 _____.

만들어 보세요.

책을
빌려 주다

그림을
그리다

방을
치우다

듣기 연습

CD를 잘 듣고 질문에 답해 보세요.

문제 1 오늘은 누가 밥을 샀어요?

문제 2 왜 밥을 샀어요?

문제 3 두 사람은 어디에서 무엇을 먹었어요?

이준기와 이야기하기

CD를 듣고 이준기와 대화해 보세요.

CD로 듣기 보세요
09:08

이준기

저는 오늘 영화 촬영이 없어서 심심했어요.

그래서 리리 씨가 이사하는 것을 도와주었어요. 무거운 상자를 들어 주고

상자 안에 있는 옷들은 옷장 안에 걸어 주었어요. 커피 잔도 씻어 주었어요.

리리 씨가 다음 주에 집들이를 할 거예요. 그래서 저도

집들이에 갈 거예요. 리리 씨가 맛있는 중국 음식을

만들어 주면 좋겠어요. 그런데 집들이 선물로

무엇을 사 주면 좋을까요?

리리

저는 오늘 신문사 근처에 있는 작은 오피스텔로 이사를 했어요.

이준기 씨가 도와줘서 빨리 끝났어요. 이준기 씨가 옷도 정리해 주고

무거운 짐도 들어 주었어요. 그리고 내 책들도 정리해 주었어요.

아주 고마웠어요. 그래서 다음 주말에 집들이를 할 거예요.

이준기 씨 입에 맞는 맛있는 음식을 만들어 주고 싶은데

이준기 씨는 어떤 음식을 좋아할까요?

새 집에서의 축하 파티, 집들이

한국에서는 이사를 하면 '집들이'를 해요. 집들이는 새 집에서 좋은 일만 있게 해 달라는 바람으로, 가까운 사람들을 초대해서 맛있는 음식이랑 술 등을 대접하는 파티와 같은 거예요. 집들이에 초대를 받은 사람들은 새 집으로 이사한 사람들에게 특별한 선물을 준답니다. 앞날이 거품처럼 확 일어나라는 뜻으로 보글보글 거품이 일어나는 세제를 선물로 주기도 하고, 또 일이 두루마리 휴지가 풀리듯이 술술 잘 풀리라는 뜻에서 화장지를 선물하기도 해요.

갓 결혼한 신혼부부들도 집들이를 하는데요, 신혼부부의 집들이는 신부가 긴장하는 날이기도 해요. 신랑 친구들이나 회사 동료들한테 새 신부의 요리 솜씨를 평가받는 날이기도 하거든요. 또 신랑의 친구들은 신부에게 노래도 시키고 짓궂은 장난도 하지요. 다 즐거운 신혼의 추억이 되겠죠?

너 내일 시간 있어?

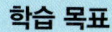

CD로 들어 보세요
00:15

스테파니	압둘라야! 너 내일 시간 있어?
압둘라	내일? 글쎄, 오전에는 친구랑 약속이 있지만 1시 이후에는 괜찮아. 왜? 무슨 일 있어?
스테파니	아니, 며칠 전에 내가 이사를 했거든.
압둘라	그래? 지난번 집도 좋았는데 왜 이사했어?
스테파니	집은 좋았는데 지하철역이 너무 멀어서 좀 불편했어.
압둘라	아무튼 축하해. 그럼 집들이 하는 거야?
스테파니	응. 이준기 씨도 초대했으니까 같이 와.
압둘라	좋아. 그런데 집들이 선물로 뭐 사 줄까?

스테파니   아니야. 집들이 선물 많이 받아서 아무것도 필요 없어.

                그냥 와.

압둘라   음, 그럼, 우리가 집들이 선물로 휴지랑 세제를 사 줄까?

스테파니   그래, 고마워.

압둘라   그런데 집이 어디야?

스테파니   우리 집은 광화문에 있는 용비어천가 5동 203호야.

압둘라   아! 광화문으로 이사했구나!

스테파니   응. 내일 꼭 와!

압둘라   응, 초대해 줘서 고마워. 안녕!

01 집들이

집들이[집뜨리]

두루마리 휴지[두루마리휴지]

가루비누[가루비누]

선물[선물]

세제[세제]

거품[거품]

02 동사 · 형용사

이사하다[이사하다]

필요하다[피료하다]

잘하다[잘하다]

외우다[외우다]

떨리다[떨리다]

한턱내다[한텅내다]

청혼하다[청혼하다]

기대되다[기대되다]

쓰다[쓰다]

불편하다[불편하다]

축하하다[추카하다]

초대하다[초대하다]

필요 없다[피료업따]

잘못하다[잘모타다]

발표하다[발표하다]

일등하다[일뜽하다]

한잔하다[한잔하다]

찾아보다[차자보다]

풀리다[풀리다]

연기하다[연기하다]

편하다[편하다]

일어나다[이러나다]

03 　지명

* 광화문[광화문]　　　　　　　　홍대[홍대]

터키[터키]

04 　기타

너[너]　　　　　　　　　　나[나]

공간[공간]　　　　　　　　글쎄[글쎄]

왜?[왜]　　　　　　　　　정말[정말]

아무튼[아무튼]　　　　　　아무것도[아무걷또]

그냥[그냥]　　　　　　　　오디션[오디션]

안녕[안녕]　　　　　　　　처음[처음]

술술[술술]　　　　　　　　보글보글[보글보글]

비누 거품[비누거품]　　　　물론[물론]

부자[부자]　　　　　　　　엄마[엄마]

화가[화가]　　　　　　　　배우[배우]

선수[선수]　　　　　　　　무용가[무용가]

틀리다[틀리다]　　　　　* * 용비어천가[용비어천가]

＊광화문은 경복궁 남쪽에 있는 정문입니다. 1395년에 세워진 광화문은 조선시대와 한국의 근대사, 현대사를 거치며 역사의 숨결을 함께한 곳인 만큼, 한국인들에게는 역사적 의식의 상징으로 여겨지고 있습니다. 또한 광화문 광장은 많은 사람들이 휴식을 즐기거나 집회, 행사를 하는 장소로도 많이 이용하고 있습니다. 최근에는 월드컵 거리 응원의 명소로도 꼽히고 있지요.

＊＊이 과 본문에 나오는 '용비어천가'는 오피스텔의 이름이지만, 원래 용비어천가는 훈민정음이 만들어진 후 가장 처음으로 만들어진 책입니다. 뿐만 아니라 조선시대 악장樂章문학의 대표 작품이며 보물 1463호인 문화유산이기도 하지요.

발 / 음 / 규 / 칙

'ㅆ'의 발음 장애음의 비음화

받침 /ㄷ(ㅅ, ㅆ, ㅈ, ㅊ, ㅌ, ㅎ)[은]/은 뒤에 오는 첫소리에 /ㄴ, ㅁ/이 오면 /ㄴ/[은]으로 발음해요.

$$좋있는데 \Rightarrow [조안는데]$$

$$ㄷ(ㅅ, ㅆ, ㅈ, ㅊ, ㅌ, ㅎ) + ㄴ \Rightarrow ㄴ + ㄴ$$

있는데[인는데]   **받는**[반는]   **놓는**[논는]   **꽃망울**[꼰망울]

01 N 아/야

상황 '친구 '리리'가 있어요. 그 친구의 이름을 불러요.' 이럴 때 "리리야!"라고 말해요. 그리고 '친구 '지영'이가 있어요. 그 친구의 이름을 불러요.' 이럴 때 "지영아!"라고 말해요.

설명 이렇게 'N아/야'는 N의 자리에 '리리, 지영'과 같은 이름을 나타내는 명사에 연결되어 '리리, 지영'이가 말하는 사람의 친구나 동생과 같이 어린 사람을 부를 때 사용해요.

리리야　지영아

지영**아**, 뭐 하니?

스테파니**야**, 내일 뭐 할 거야?

하즈키**야**, 일어나.

N아/야 만드는 법

명사의 마지막 음절에 받침이 없을 때는 'N야', 받침이 있을 때는 'N아'를 써요.

받침이 없을 때+야 리리+야→리리야

받침이 있을 때+아 벤슨+아→벤슨아

활용 연습 다음 빈 칸을 채워 보세요.

기본형	N 아/야	기본형	N 아/야
리리	리리야.	로이	
지영		수파킷	수파킷아.
비비엔		준기	

02 N처럼

상황 '리리는 요리를 아주 잘해요. 그래서 엄마 같아요.' 이럴 때 "리리는 엄마처럼 요리를 잘해요."라고 말해요. 그리고 '보리스와 지영이는 매일 밥도 같이 먹고 영화도 봐요. 두 사람은 아주 친해요. 그래서 연인 같아요' 이럴 때 "보리스와 지영이는 연인처럼 친해요."라고 말해요.

설명 이렇게 'N처럼'은 N의 자리에 '엄마, 연인'과 같은 명사가 와서 '엄마가 아니지만 엄마 같고, 연인이 아니지만 연인 같아요.'라고 말할 때 사용해요.

엄마처럼
요리를 잘해요.

엄마와 나는 친구처럼 지내요.

요나단 씨는 가수처럼 노래를 잘해요.

스테파니 씨는 화가처럼 그림을 잘 그려요.

N처럼 만드는 법

명사의 마지막 음절에 받침이 없을 때와 있을 때 모두 'N처럼'을 써요.

받침이 없을 때+처럼 친구+처럼→친구처럼

받침이 있을 때+처럼 연인+처럼→연인처럼

활용 연습 다음 빈 칸을 채워 보세요.

기본형	N처럼	기본형	N처럼
친구	친구처럼	연인	
언니		부자	
엄마		배우	
오빠		선생님	
어린아이		선수	
무용가		전문가	

03 반말

상황 '저는 지금 바빠요. 이런 상황을 친구에게 말하고 싶어요.' 이럴 때 "지금 바빠."라고 말해요. '친구에게 "영화를 볼까요?"라고 말하고 싶어요.' 이럴 때 "영화(를) 볼까?"라고 말해요.

영화를 볼까?

설명 이렇게 '반말'은 친한 친구나 동생, 어린아이에게 말할 때 사용해요. 즉 자기와 나이가 같거나 어린 사람들에게 사용해요. 하지만 사회에서 만난 사람들에게는 나이가 같거나 어려도 보통 경어를 사용하니 조심하세요. 그리고 '영화를 볼까?'를 '영화 볼까'와 같이 조사를 생략해서 말해도 돼요.

스테파니야, 우리 오늘 인사동 갈까?

리리야, 시간 있으면 같이 커피 마시자.

저 사람 누구야?

이번 휴가에 파리에 갈 거야.

문법

반말 〈어휘〉

격식체	반말
저	나
당신	너
댁	집
그렇습니까?/그래요?	그래?
그렇습니다/그래요	그래.

격식체	반말
네	응.
아니요	아니.
아니에요	아니야.
글쎄요?	글쎄?
정말이에요?	정말?

반말 〈문법〉

격식체	반말	격식체	반말
A/V-(으)세요? A/V-아/어요?	A/V-아/어? A/V-니?	오늘 바쁘세요? 어디 가요?	오늘 바빠? 어디 가니?
A/V-아/어요	A/V-아/어.	빵을 먹어요	빵 먹어.
N입니까? N이에요/예요?	N(이)야?	누구입니까? 누구예요?	누구야?
N이에요/예요	N(이)야.	학생이에요	학생이야.
A/V-지요?	A/V-지?	음악이 좋지요?	음악이 좋지?
V-(으)세요	V-아/어.	들어 보세요	들어 봐.
V-지 마세요	V-지 마.	가지 마세요	가지 마.
V-(으)ㄹ까요?	V-(으)ㄹ까?	영화를 볼까요?	영화를 볼까?
V-(으)ㅂ시다	V-자.	커피 마십시다	커피 마시자.
V-(으)ㄹ 거예요?	V-(으)ㄹ 거야?	뭐 할 거예요?	뭐 할 거야?
V-(으)ㄹ 거예요	V-(으)ㄹ 거야.	수영할 거예요	수영할 거야.

문법

활용 연습 다음 빈 칸을 채워 보세요.

격식체	반말
어디 가요?	어디 가?
뭐 해요?	
여기가 어디예요?	
친구를 만나요	
제 친구예요	
오늘 날씨가 좋지요?	
일본 사람이지요?	
여기 앉으세요	
사진을 찍지 마세요	
담배를 피우지 마세요	
영화를 볼까요?	
피자를 먹을까요?	
부산에 갑시다	
열심히 공부합시다	
주말에 뭐 할 거예요?	
바다에 갈 거예요	

회화 연습

01 리리야, 뭐 해?

가 리리야, 뭐 해?
나 영화 봐.

리리
영화를 보다

수파킷
커피를 마시다

가 _____?
나 _____.

압둘라
스키를 타다

가 _____?
나 _____.

보리스
피자를 먹다

가 _____?
나 _____.

만들어 보세요.
비비엔
책을 읽다
하즈키
일기를 쓰다
…

가 _____?
나 _____.

02 스테파니야, 주말에 같이 영화 볼까?

가 스테파니야, 주말에 같이 영화 볼까?
나 그래, 같이 영화 보자.

스테파니/주말
영화를 보다

비비엔/오늘 오후
명동에 가다

가 _____?
나 _____.

앙리/주말
스키를 타다

가 _____?
나 _____.

준기/이번 휴가
터키에 가다

가 _____?
나 _____.

만들어 보세요.

지영/오늘
같이 감자탕을
먹다
...

가 _____?
나 _____.

03　지영아, 이번 방학에 뭐 할 거야?

지영/이번 방학
아프리카에 가다

가 지영아, 이번 방학에 뭐 할 거야?

나 나는 이번 방학에 아프리카에 갈 거야.

요나단/오늘 오후
홍대에서
오디션을 보다

가 _____?

나 _____.

익겔/이번 방학
중국어를 공부하다

가 _____?

나 _____.

보리스/내일
여자 친구에게
청혼하다

가 _____?

나 _____.

만들어 보세요.

앙리/주말
집들이를 하다

리리/내일
박물관에 가다
…

가 _____?

나 _____.

04 준기가 가수처럼 노래를 잘해.

가 준기가 노래를 잘해?
나 응, 가수처럼 노래를 잘해.

준기
노래하다 / 가수

압둘라 요리하다 요리사	가 _____?
	나 _____.

지영 태권도하다 태권도 선수	가 _____?
	나 _____.

하즈키 중국말을 하다 중국 사람	가 _____?
	나 _____.

수파킷 연기하다 배우	가 _____?
	나 _____.

비비엔
춤을 추다
무용가

가 _____ ?

나 _____ .

리리
요리하다
엄마

가 _____ ?

나 _____ .

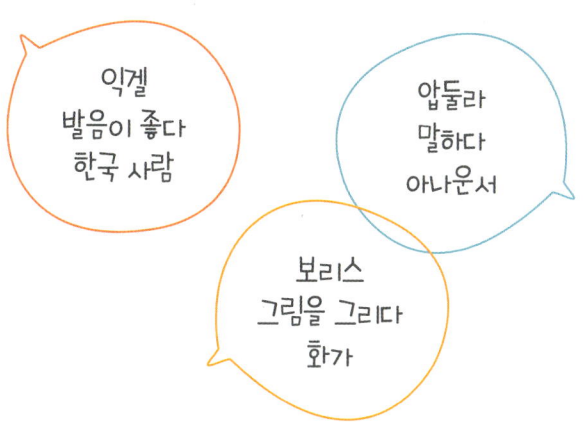

만들어 보세요.

가 _____ ?

나 _____ .

익겔
발음이 좋다
한국 사람

압둘라
말하다
아나운서

보리스
그림을 그리다
화가

듣기 연습

CD를 잘 듣고 질문에 답해 보세요.

CD로 들기 보세요
05:36

문제 1 두 사람은 오늘 무엇을 했어요?

① 말하기 시험　　　　② 스피치 콘테스트

③ 쓰기 시험　　　　　④ 술 약속

문제 2 두 사람 중에서 누가 더 잘했어요?

① 앙리　　　　　　　② 하즈키

③ 같아요　　　　　　④ 몰라요

문제 3 두 사람은 발표하면서 무엇이 힘들었어요?

앙　리 _____

하즈키 _____

이준기와 이야기하기

CD를 듣고 이준기와 대화해 보세요.

이준기   애들아 어서 와.

비비엔   준기야, 집들이에 초대해 줘서 고마워. 이거 받아.

이준기   아이고, 그냥 와도 되는데 뭘 이렇게 많이 사 왔어?

압둘라   우리가 한국 집들이에 처음 와 봐서 무슨 선물을 해야 좋을지 몰랐어.

비비엔   그래서 압둘라랑 나랑 인터넷을 찾아봤어.

이준기   정말? 기대되는데?

압둘라   두루마리 휴지를 선물하는 건 휴지처럼 하는 일이
         술술 잘 풀리라는 뜻이지?

비비엔   가루비누는 비누 거품처럼 앞날이 보글보글 잘 일어나라고
         선물하는 거고?

이준기   대단하다. 공부 많이 했네? 잘 쓸게. 고마워. 그럼 이제 밥 먹을까?

압둘라   준기야, 네가 요리했어?

이준기   물론이지! 열심히 만들었으니까 맛이 없어도 많이 먹어.

비비엔
압둘라   와! 맛있겠다. 잘 먹을게!

읽어 보기

박물관 관람

한국은 약 5,000년의 역사를 가진 나라예요. 오랜 역사를 지닌 나라인 만큼 한 번쯤 박물관에 가서 한국의 역사와 문화를 경험해 보는 것은 어떨까요? 국립중앙박물관에 도착하니 다음과 같은 안내문이 있습니다. 어떤 내용일까요? 함께 읽어 봅시다.

·· 안내문 ··

국립중앙박물관 연중 휴관일은 1월 1일과 매주 월요일입니다.

6세 이하 어린이는 보호자를 동반하여야 합니다.

〈관람 시간〉

화·목·금요일 09:00~18:00

수·토요일 09:00~21:00

일요일·공휴일 09:00~19:00

〈야간 개장〉

매주 수·토요일 18:00~21:00(3시간 연장)

단, 어린이박물관은 매월 마지막 주 수요일만 야간 개장합니다.

(18:00 이후는 당일 선착순 입장)

〈관람료〉 무료

〈대상〉 상설전시관, 어린이박물관, 무료 기획 전시(단, 유료 특별·기획 전시는 제외)

단, 유료로 진행되는 기획 전시와 어린이박물관은 관람권을 받아 입장해야 합니다.
유아, 노약자, 장애인은 유모차와 휠체어를 무료로 이용하실 수 있습니다.
(휠체어 10대, 유모차 65대)
유모차를 야외, 광장에서 이용하는 경우 바퀴 등에 흙이나 오염 물질이 묻거나
파손 등의 가능성이 있으니 전시관 내에서만 이용하여 주시기 바랍니다.

- 박물관의 모든 공간은 금연 구역입니다.
- 음식물 반입과 안내견 이외의 애완동물의 출입은 금지되어 있습니다.
- 전시실 입장 전에 휴대전화는 전원을 꺼 주시거나 진동으로 전환하여 주십시오.
- 전시물에 손을 대거나 손상을 입힐 수 있는 행위는 절대 삼가 주십시오.
- 플래시·삼각대 등을 이용한 촬영과 상업적 용도를 위한 촬영은 금지되어 있습니다.
- 야외 관람로에서는 자전거, 킥보드, 인라인스케이트 등을 이용할 수 없습니다.
- 슬리퍼 등 정숙한 관람을 해치는 복장은 자제하여 주시기 바랍니다.

읽어 보기 단어

안내문[안내문]
연중[연중]
어린이[어리니]
동반하다[동반하다]
야간 개장[야간개장]

··········

관람료[괄람뇨]
전시관[전시관]
진행되다[진행되다]
입장하다[입짱하다]
노약자[노약짜]

··········

유모차[유모차]
이용하다[이용하다]
바퀴[바퀴]
오염 물질[오염물찔]
금연 구역[그면구역]

··········

음식물 반입[음싱물바닙]
이외[이외]
출입[추립]
손을 대다[소늘대다]
삼가다[삼가다]

··········

삼각대[삼각때]
정숙하다[정수카다]
복장[복짱]
진동으로 전환하다[진동으로전환하다]
상업적 용도[상업쩍용도]

국립중앙박물관[궁닙중앙방물관]
휴관일[휴과닐]
보호자[보호자]
관람[괄람]
선착순[선착쑨]

··········

상설[상설]
제외[제외]
관람권[괄람꿘]
유아[유아]
장애인[장애인]

··········

휠체어[휠체어]
야외[야외]
흙[흑]
파손[파손]
가능성 [가능썽]

··········

안내견[안내견]
애완동물[애완동물]
금지되다[금지되다]
행위[행위]
플래시[플래시]

··········

관람로[괄람노]
해치다[해:치다]
자제하다[자제하다]
손상을 입히다[손상을이피다]
진동으로 전환하다[진동으로전환하다]

찹쌀떡이랑 엿을
선물한다고 해요

07

학습 목표

상황

의견 전달하기

어휘

시험, 한글

문법

A-다고 하다
V-ㄴ/는다고 하다
N(이)라고 하다
A/V-냐고 하다
N(이)냐고 하다
V-게 하다

CD로 들어 보세요
00:15

앙 리   비비엔 씨, 어디 가세요?

비비엔   찹쌀떡 사러 떡집에 가요.

앙 리   찹쌀떡은 왜요?

비비엔   내일 리리 씨가 토픽 시험을 보거든요. 그래서 선물로 주려고요.

앙 리   리리 씨가 찹쌀떡을 좋아해요?

비비엔   하하, 아니에요. 한국에서는 시험 보는 날 보통

　　　　 찹쌀떡이랑 엿을 선물한다고 해요.

앙 리   찹쌀떡이랑 엿은 왜요?

비비엔	시험 볼 때 찹쌀떡을 먹으면 찹쌀떡처럼
	시험에 철썩 붙을 수 있다고 해요. 엿도 잘 달라붙잖아요.
	그래서 찹쌀떡이랑 엿을 선물하는 풍습이 있다고 해요.
앙 리	그렇군요! 참! 압둘라 씨도 내일 토픽 시험 본다고 했어요.
비비엔	그래요? 시험 보는 곳이 어디냐고 전화로 물어보세요.
	리리 씨랑 같은 곳이면 우리 같이 응원하러 갑시다.
앙 리	그거 좋은 생각이에요. 그런데 찹쌀떡이랑 엿 말고
	다른 선물도 있어요?
비비엔	요즘은 휴지랑 포크를 선물하는 사람도 있어요.
앙 리	휴지랑 포크는 왜요?
비비엔	휴지를 선물하면 휴지처럼 문제가 잘 풀린다고 하고,
	포크를 주면 포크처럼 모르는 문제가 나와도 잘 찍는다고 해요.
앙 리	하하하, 아이디어들이 대단하군요!
비비엔	그렇죠? 그런데 시험 날은 미역국을 먹으면 안 돼요.
앙 리	왜요?
비비엔	미역이 미끄러우니까 시험에도 미역처럼 미끄러져서
	떨어진다는 의미가 있다고 해요.
앙 리	그렇군요! 우리도 찹쌀떡이랑 엿 사러 갑시다!

01 동사

풀리다[풀리다]   담다[담:따]

붙다[붇따]   달라붙다[달라붇따]

응원하다[응원하다]   유행하다[유행하다]

찍다[찍따]   떨어지다[떠러지다]

02 형용사

느리다[느리다]   서투르다[서투르다]

아름답다[아름답따]   훌륭하다[훌륭하다]

자랑스럽다[자랑스럽따]   소중하다[소중하다]

미끄럽다[미끄럽따]   충분하다[충분하다]

복잡하다[복짜파다]

03 시험

수험표[수험표]   OMR 답안지[오에말다반지]

신분증[신분쯩]   외국인 등록증[외구긴등녹쯩]

컴퓨터 사인펜[컴퓨터사인펜]   시험 감독관[시험감독꽌]

어휘와 표현

* 찹쌀떡[찹쌀떡]　　　　　　　* 엿[엳]

　휴지[휴지]　　　　　　　　　포크[포크]

** 미역국[미역꾹]　　　　　　　관계자[관계자]

*한국에서는 대학입시 같은 큰 시험을 보는 사람에게 찹쌀떡과 엿을 선물하는 사람들이 많습니다. '시험에 합격하다'를 '시험에 붙다'라고 말하기도 하는데, '붙다'가 찹쌀떡, 엿과 같이 끈적끈적한 것이 어딘가에 '붙다'와 발음이 같아요. 그래서 찹쌀떡, 엿이 찰싹 달라붙듯이 '붙어라, 합격해라'라는 뜻으로 선물하는 것입니다.

**미역국은 한국인들이 즐겨 먹는 음식인데, 한국 사람들은 미역국 하면 흔히 두 가지를 떠올립니다. 우선, 아이를 낳은 산모가 몸조리를 할 때 미역국을 먹습니다. 그래서 그 풍습대로 생일 때도 미역국을 먹습니다. 미역국에는 요오드가 풍부해 산모의 건강에도 좋을 뿐 아니라, 모유도 잘 나오게 해 준다고 하니 옛 조상들의 지혜가 놀랍습니다. 또 한 가지는 이 과 본문에 나오듯이 시험을 볼 때는 미역국을 먹지 말라는 것인데요, 그것은 미역이 미끌미끌하기 때문에 시험에 미끄러질 것을 연상시키기 때문입니다. 시험에 미끄러진다는 말은 시험에 떨어진다는 뜻이지요.

04 기타

　대부분[대부분]　　　　　　　역시[역씨]

* 사물놀이[사물로리]　　　　　별로[별로]

　내용[내:용]　　　　　　　　한글날[한글랄]

　원래[월래]　　　　　　　　　반면[반면]

　떡집[떡찝]　　　　　　　　　풍습[풍습]

　문자[문짜]　　　　　　　　　복습[복씁]

　철썩[철썩]

*사물놀이는 꽹과리, 징, 북, 장구 네 개의 타악기로 연주하는 한국의 전통음악이에요. 가락(멜로디)은 없고 타악기 네 개로만 구성되어 있기 때문에 박자(리듬)가 매우 발달한 음악으로 어깨가 절로 들썩일 정도로 신이 나는 음악이기도 해요. 그래서 한국뿐만 아니라 해외에서도 좋은 반응을 얻고 있는데, 김덕수 사물놀이패는 아주 유명한 단체로 전 세계에 공연을 다니고 있습니다.

사물놀이

발 / 음 / 규 / 칙

'퍙'의 발음 장애음의 비음화

겹받침 /ㅄ/은 자음 앞에서 /ㅂ/[읍]으로 발음해요. 그리고 장애음 /ㅂ/은 뒤에 오는 첫소리에 /ㄴ, ㅁ/이 오면 /ㅁ/[음]으로 발음해요.

$$없는데 \Rightarrow [엄는데]$$

$$ㅄ + ㄴ \Rightarrow ㅂ + ㄴ \Rightarrow ㅁ + ㄴ$$

없는 사람[엄는사람]   **값만**[감만]   **돕는데**[돔는데]

01 A-다고 하다, V-ㄴ/는다고 하다, N(이)라고 하다

상황 '일기예보에서 "오늘은 날씨가 추워요." 하고 말했어요.' 이럴 때 "일기예보에서 오늘은 날씨가 춥다고 했어요."라고 말해요. '압둘라 씨가 "점심에 캅사를 먹어요." 하고 말했어요.' 이럴 때 "압둘라 씨가 점심에 캅사를 먹는다고 했어요."라고 말해요.

설명 이렇게 'A-다고 하다, V-ㄴ/는다고 하다, N(이)라고 하다'는 '춥다, 먹다, 생일'과 같은 형용사, 동사, 명사에 연결되어 다른 사람의 말을 전달할 때 사용해요.

비비엔 씨가 오늘 바쁘다고 해요.

압둘라 씨가 신문을 읽는다고 했어요.

익겔 씨도 역시 학생이라고 했어요.

A-다고 하다 만드는 법

형용사의 어간 마지막 음절에 받침이 없을 때와 있을 때 모두 'A-다고 하다'를 써요.

받침이 없을 때+다고 하다 예쁘다+다고 하다→예쁘다고 하다

받침이 있을 때+다고 하다 덥다+다고 하다→덥다고 하다

V-ㄴ/는다고 하다 만드는 법

동사의 어간 마지막 음절에 받침이 없을 때는 'V-ㄴ다고 하다', 받침이 있을 때는 'V-는다고 하다'를 써요.

받침이 없을 때+ㄴ다고 하다 보다+ㄴ다고 하다→본다고 하다

받침이 있을 때+는다고 하다 먹다+는다고 하다→먹는다고 하다

받침 ㄹ일 때→ㄹ+ㄴ다고 하다 만들다+ㄴ다고 하다→만든다고 하다

A/V-았었다고 하다 만드는 법

동사의 어간 마지막 음절에 ㅏ, ㅗ가 없을 때는 'A/V-었다고 하다', ㅏ, ㅗ가 있을 때는 'A/V-았다고 하다'를 써요.

ㅏ, ㅗ가 없을 때+었다고 하다 먹다+었다고 하다→먹었다고 하다

ㅏ, ㅗ가 있을 때+았다고 하다 보다+았다고 하다→봤다고 하다

받침 ㄷ일 때→ㄹ+었다고 하다 듣다+ㄹ었다고 하다→들었다고 하다

받침 ㅂ일 때→우+었다고 하다 맵다+웠(우+었)다고 하다→매웠다고 하다

N(이)라고 하다 만드는 법

명사의 어간 마지막 음절에 받침이 없을 때는 'N라고 하다', 받침이 있을 때는 'N이라고 하다'를 써요.

받침이 없을 때+라고 하다 친구+라고 하다→친구라고 하다

받침이 있을 때+이라고 하다 학생+이라고 하다→학생이라고 하다

N이었/였다고 하다 만드는 법

명사의 어간 마지막 음절에 받침이 없을 때는 'N였다고 하다', 받침이 있을 때는 'N이었다고 하다'를 써요.

받침이 없을 때+였다고 하다　친구+였다고 하다 → 친구였다고 하다

받침이 있을 때+이었다고 하다　학생+이었다고 하다 → 학생이었다고 하다

활용 연습　다음 빈 칸을 채워 보세요.

기본형	A–다고 하다	A–았/었다고 하다
예쁘다		
많다		
덥다		

기본형	V–ㄴ/는다고 하다	V–았/었다고 하다
실패하다		
먹다		
팔다		

기본형	N(이)라고 하다	N이었/였다고 하다
휴일		
관계자		
친구		

02 A/V-냐고 하다, N(이)냐고 하다

상황 '리리 씨가 "어디에 가세요?" 하고 물었어요.' 이럴 때 "리리 씨가 어디에 가냐고 했어요."라고 말해요. '비비엔 씨가 "내일 날씨가 추워요?" 하고 물었어요.' 이럴 때 "비비엔 씨가 내일 날씨가 춥냐고 했어요."라고 말해요. '스테파니 씨가 "이 커피가 무슨 커피예요?" 하고 물었어요.' 이럴 때 "스테파니 씨가 이 커피가 무슨 커피냐고 했어요."라고 말해요.

설명 이렇게 'A/V-냐고 하다, N(이)냐고 하다'는 '가다, 춥다, 커피'와 같은 동사, 형용사, 명사에 연결되어 다른 사람의 질문을 전달할 때 사용해요.

이 커피가 무슨 커피냐고 했어요.

스테파니 씨가 오늘 스키를 타냐고 했어요.

수파킷 씨가 오늘이 누구 생일이냐고 했어요.

비비엔 씨가 시험을 잘 봤냐고 했어요.

A/V-냐고 하다 만드는 법

동사와 형용사의 어간 마지막 음절에 받침이 없을 때와 있을 때 모두 'A/V-냐고 하다'를 써요.

받침이 없을 때+냐고 하다   바쁘다+냐고 하다→바쁘냐고 하다

받침이 있을 때+냐고 하다   맵다+냐고 하다→맵냐고 하다

받침 ㄹ일 때→ㄹ+냐고 하다   팔다+냐고 하다→파냐고 하다

A/V-았었냐고 하다 만드는 법

동사의 어간 마지막 음절에 ㅏ, ㅗ가 없을 때는 'A/V-었냐고 하다', ㅏ, ㅗ가 있을 때는 'A/V-았냐고 하다'를 써요.

ㅏ, ㅗ가 없을 때+었냐고 하다   읽다+었냐고 하다→읽었냐고 하다

ㅏ, ㅗ가 있을 때+았냐고 하다   가다+았냐고 하다→갔냐고 하다

받침 ㄷ일 때→ㄹ+었냐고 하다   걷다+ㄹ 었냐고 하다→걸었냐고 하다

받침 ㅂ일 때→우+었냐고 하다   춥다+웠(우+었)냐고 하다→추웠냐고 하다

N(이)냐고 하다 만드는 법

명사의 어간 마지막 음절에 받침이 없을 때는 'N냐고 하다', 받침이 있을 때는 'N이냐고 하다'를 써요.

받침이 없을 때+냐고 하다   부자+냐고 하다→부자냐고 하다

받침이 있을 때+이냐고 하다   선생님+이냐고 하다→선생님이냐고 하다

N이었/였냐고 하다 만드는 법

명사의 어간 마지막 음절에 받침이 없을 때는 'N였냐고 하다', 받침이 있을 때는 'N이었냐고 하다'를 써요.

받침이 없을 때+였냐고 하다   부자+였냐고 하다→부자였냐고 하다

받침이 있을 때+이었냐고 하다   마법+이었냐고 하다→마법이었냐고 하다

활용 연습 다음 빈 칸을 채워 보세요.

기본형	A-냐고 하다	A-았/었냐고 하다
바쁘다		
많다		
맵다		
친절하다		

기본형	V-냐고 하다	V-았/었냐고 하다
먹다		
유행하다		
읽다		
만들다		

기본형	N(이)냐고 하다	N이었/였냐고 하다
부자		
학생		
관계자		
한국어책		

03　V-게 하다

상황　'선생님께서 리리 씨에게 "글씨를 쓰세요." 하고 시켰어요.' 이럴 때 "선생님께서 리리 씨에게 글씨를 쓰게 했어요."라고 말해요. '비비엔 씨가 스테파니 씨에게 "이 가방 좀 치우세요." 하고 시켰어요.' 이럴 때 "비비엔 씨가 스테파니 씨에게 가방을 치우게 했어요."라고 말해요.

설명　이렇게 'V-게 하다'는 '쓰다, 치우다'와 같은 동사에 연결되어 다른 사람에게 어떤 일을 시키는 말로, 사동표현이라고 해요.

리리 씨에게 글씨를 쓰게 했어요.

선생님이 학생들에게 책을 읽게 했어요.

어머니가 리리에게 청소하게 해요.

보리스 씨가 여자 친구에게 요리하게 했어요.

이준기 씨가 익겔 씨에게 사진을 찍게 했어요.

V-게 하다 만드는 법

동사의 어간 마지막 음절에 받침이 없을 때와 있을 때 모두 'V-게 하다'를 써요.

받침이 없을 때+게 하다 보다+게 하다→보게 하다

받침이 있을 때+게 하다 읽다+게 하다→읽게 하다

활용 연습 다음 빈 칸을 채워 보세요.

기본형	V-게 하다
풀다	
치우다	
쓰다	
읽다	
먹다	
만들다	
듣다	
보다	
빨래하다	
일어나다	

01 지금 피자를 먹는다고 했어요.

가 최지영 씨가 뭐라고 했어요?
나 지금 피자를 먹는다고 했어요.

최지영
"저는 지금 피자를 먹어요."

앙리
"내일 어머니
생일이라서
선물을 사야 해요."

가 _____?
나 _____.

보리스
"지금 TV에서
사물놀이 하는 것을
보고 있어요."

가 _____?
나 _____.

리리
"오늘 너무
추워요."

가 _____?
나 _____.

만들어 보세요.

스테파니
"지금 공부를 해요."

비비엔
"컴퓨터가 느려서
불편해요."
…

가 _____?
나 _____.

02 어제 너무 바빴다고 했어요.

가 비비엔 씨가 뭐라고 했어요?

나 어제 너무 바빴다고 했어요.

비비엔
"어제 너무 바빴어요."

익겔
"어제 명동에서
이준기 씨를
만났어요."

가 _____?

나 _____.

보리스
"어제 술을 너무 많이
마셔서 아침에
머리가 아팠어요."

가 _____?

나 _____.

스테파니
"어제 보리스 씨의
여자 친구를 만났는데
아주 귀여웠어요."

가 _____?

나 _____.

만들어 보세요.

요나단
"어제 본 영화가
너무 슬펐어요."

수파킷
"한국말이 서툴러서
처음에는 힘들었어요."
…

가 _____?

나 _____.

03 여기가 리리 씨 집이라고 했어요.

가 리리 씨가 뭐라고 했어요?

나 여기가 리리 씨 집이라고 했어요.

리리
"여기가 우리 집이에요."

하즈키
"내가 제일
좋아하는 음식은
닭갈비예요."

가 _____?

나 _____.

압둘라
"우리 아버지는
치과 의사예요."

가 _____?

나 _____.

익겔
"제 꿈은
한국어 선생님이에요."

가 _____?

나 _____.

만들어 보세요

수파킷
"제가 제일 좋아하는
과일은 수박이에요."

최지영
"저는 한국 음식은
대부분 좋아해요."
…

가 _____?

나 _____.

154

04 어제 뭐 했냐고 했어요.

가 리리 씨가 뭐라고 했어요?
나 어제 뭐 했냐고 했어요.

리리
"어제 뭐 했어요?"

이준기
"내일 집들이에
올 거예요?"

가 _____?
나 _____.

앙리
"리리 씨도
이번 방학에
프라하에 가요?"

가 _____?
나 _____.

요나단
"몽골에서
말을 탔을 때
기분이 좋았어요?"

가 _____?
나 _____.

만들어 보세요.

압둘라
"남자 친구가 있어요?"
비비엔
"한국어 책을 샀어요?"
…

가 _____?
나 _____.

05 선생님께서 리리 씨에게 큰 소리로
책을 읽게 하셨어요.

가 선생님께서 누구에게 무엇을 시켰어요?
나 선생님께서 리리 씨에게 큰 소리로
책을 읽게 하셨어요.

선생님
"리리 씨, 큰 소리로
책을 읽으세요."

어머니
"여보,
퇴근할 때
과일을 사 오세요."

가 _____.
나 _____.

스테파니
"보리스 씨,
담배를 끊으세요."

가 _____.
나 _____.

의사
"수파킷 씨,
목이 아플 때에는
따뜻한 물을
많이 드세요."

가 _____.
나 _____.

아버지
"아들아,
열심히 공부해라."

가 _____ .

나 _____ .

선생님
"스테파니 씨,
내일까지
숙제를 해 오세요."

가 _____ .

나 _____ .

선생님
"비비엔 씨,
매일 복습을 하세요."

가 _____ .

나 _____ .

가 _____ .

나 _____ .

만들어 보세요.

어머니
"스테파니야,
과일을 접시에
예쁘게 담아라."

의사
"압둘라 씨,
약을 하루에
세 번 드세요."

아버지
"지영아,
책을 많이 읽어라."

듣기 연습

문제 다음 문장을 듣고 ○, ×로 대답해 보세요.

〈 보기 〉 하즈키 씨와 요나단 씨는 지금 한국에 살고 있어요. (○)

1. 하즈키 씨와 요나단 씨는 매일 만나요. (   )

2. 하즈키 씨는 한국 음식이 매워서 못 먹어요. (   )

3. 요나단 씨는 한국어를 잘 못해서 걱정이지만
　　하즈키 씨는 걱정이 없어요. (   )

이준기와 이야기하기

CD를 듣고 이준기와 대화해 보세요.

이준기   비비엔 씨, 뭘 그렇게 열심히 보고 있어요?

비비엔   인터넷으로 뉴스를 보고 있어요.

이준기   뭐 재미있는 내용이라도 있어요?

비비엔   2013년부터는 한글날이 다시 휴일이 된다고 해요.

이준기   그래요! 저도 오늘 아침 뉴스에서 봤어요.

비비엔   왜 그동안 한글날은 휴일이 아니었어요?

이준기   원래는 휴일이었는데 휴일이 너무 많다고 해서
           쉬지 않게 되었다고 해요.

비비엔   정말요? 말도 안 돼요. 저는 한국말을 배우면서 한글은 정말
           아름답고 훌륭한 글자라고 생각했어요. 한글날이 꼭 휴일이 돼서
           모두 이 날을 기억하고 기념해야 한다고 생각해요.

이준기   맞아요. 저도 그렇게 생각해요. 세종대왕이 정말 자랑스러워요.

비비엔   다른 한국 사람들은 어떻게 생각할까요?

이준기   물론 많은 사람들이 휴일이 되어야 한다고 생각해요.
           한글은 우리 모두에게 자랑스럽고
           소중한 글자니까요.
           하지만 다른 생각을 하고 있는
           사람도 있다고 해요.

비비엔   다른 생각요?

이준기   휴일이 되면 회사에 안 가도
           되고 학교에 안 가도 되니까요.

비비엔   하하하, 그렇군요!

읽어 보기

세종대왕과 한글

세종대왕은 조선왕조 제4대 왕(재위 1418~1450년)으로 과학, 음악, 문학 등의
다양한 방면에 관심을 가진 왕이었어요. 훈민정음을 창제하고 측우기 등의
과학 기구를 제작하여 백성들의 생활에 실질적으로 도움이 되는 문화 정책을
추진했지요. 그중에 한글에 대해서 소개해 드릴게요. 한글은 세종대왕이
집현전 학자들과 뜻을 모아 1443년(세종25년)에 만들었고 1446년에 반포했어요.

한글은 처음에 '훈민정음'이라고 했는데, 1913년 주시경 선생님이 '한글'이라는
이름을 만들어서 불렀다고 합니다. 10월 9일은 '한글날'로 세계에서 생일이 있는
유일한 문자예요. 훈민정음은 1997년 유네스코에 세계기록유산으로 등록되었고,
문맹을 퇴치한 세종대왕의 공적을 기리기 위해 1990년 이후 지구촌에서 문맹
퇴치에 공이 큰 사람을 뽑아 해마다 10월 9일에 '세종상'을 주고 있어요.

한글의 특징은 첫째, 배우기 쉬운 글자로 훈민정음 서문에 "슬기로운 사람은
아침을 마치기도 전에 깨칠 것이요, 어리석은 이라도 열흘이면 배울 수 있다"
라고 했어요.

둘째, 발음기관의 모양을 본떠서 만든 과학적인 글자로 질서 정연하고
체계적으로 만들어졌어요. 훈민정음 해례본에서 "바람 소리, 학 소리,
닭 우는 소리, 개 짓는 소리까지 무엇이든지 소리 나는 대로 글자로 쓸 수 있다"
라고 했어요.

한글 총수는 1만 2,768자로 세계에서 제일 많은 음을 가진 글자이기 때문이지요.

셋째, 한글은 독창적으로 만든 글자예요. 지구상에 있는 대부분의 글자는 오랜 세월 동안 복잡하고 많은 변화를 거쳐 오늘날의 글자가 되었거나, 아니면 일본의 가나 글자나 영어의 알파벳처럼 다른 글자를 흉내 내거나 빌린 것들이거든요.

넷째, 글자를 만든 목적, 만든 사람, 만든 때가 분명한 글자예요. 오늘날 전 세계에는 7,000여 개의 말(언어)이 있는데 이들 가운데 100여 개의 말만 글자를 가지고 있어요. 하지만 만든 목적과 만든 사람 그리고 만든 때를 알고 있는 글자는 한글 말고는 찾아볼 수 없어요.

세종대왕[세종대왕]

재위[재위]

방면[방면]

창제하다[창제하다]

과학 기구[과학끼구]

조선왕조[조선왕조]

과학[과학]

훈민정음[훈민정음]

측우기[츠구기]

제작하다[제자카다]

백성[백썽]

정책[정책]

집현전[지편전]

반포하다[반포하다]

유일하다[유일하다]

실질적[실찔쩍]

추진하다[추진하다]

학자[학짜]

주시경[주시경]

유네스코[유네스코]

세계기록유산[세계기록유산]

문맹[문맹]

지구촌[지구촌]

뽑다[뽑따]

서문[서문]

등록되다[등녹뙤다]

퇴치하다[퇴치하다]

공이 크다[공이크다]

해마다[해마다]

슬기롭다[슬기롭따]

마치다[마치다]

어리석다[어리석따]

과학적[과학쩍]

질서 정연하다[질써정연하다]

해례본[해례본]

깨치다[깨치다]

발음기관[바름기관]

글자[글짜]

체계적[체계적]

학[학]

독창적[독창적]

흉내를 내다[흉내를내다]

도움이 되다[도우미되다]

공적을 기리다[공저글기리다]

지구상[지구상]

관심을 가지다[관시믈가지다]

뜻을 모으다[뜨슬모으다]

모양을 본뜨다[모양을본뜨다]

비가 오면 김치전을 만들어 먹자고 할까요?

08

학습 목표

상황

고민 상담하기
불편 사항 말하기

어휘

날씨, 일기예보

문법

V-자고 하다
V-지 말자고 하다
V-(으)라고 하다
V-지 말라고 하다

CD로 들어 보세요
00:15

익 겔 요나단 씨, 내일 주말인데 남이섬에 가서 자전거 탈까요?

요나단 네, 좋아요. 그런데 요즘 장마라서 비가 올 수도 있는데…….

익 겔 잠깐만요, 그럼 인터넷으로 일기예보 좀 확인할게요.

요나단 (잠시 후) 내일 날씨가 어떻다고 해요?

익 겔 일기예보에서 연일 이어지는 장마로 폭우와 폭염이
반복되고 있다고 해요. 현재 부산을 중심으로 천둥과
번개를 동반한 폭우가 내리고 있고, 내일부터는 전국이

태풍 '볼라벤'의 영향권에 들어가 전국적으로

천둥과 번개를 동반한 폭우가 예상된다고 해요.

그리고 위험하니까 야외 활동은 하지 말라고 했어요.

요나단 아이고, 그럼 자전거는 못 타겠군요!

익 겔 아! 장마철이라서 이번 주말도 야외 활동은 안 되겠어요.

요나단 익겔 씨, 몽골에도 여름이 되면 비가 많이 와요?

익 겔 아니요, 몽골에도 비는 오지만 한국처럼 이렇게

매일 비가 오는 장마는 없어요.

요나단 아, 그렇군요!

익 겔 아, 맞다! 한국 사람들은 비가 오는 날에는

김치전을 먹는다고 들었어요.

요나단 그래요? 그럼 최지영 씨한테 비가 오면

김치전을 만들어 먹자고 할까요?

익 겔 좋아요. 지금 전화해서 내일 시간이 있으면

우리 집에 오라고 합시다.

요나단 그거 좋은 생각이에요.

01 명사 날씨

일기예보[일기예보]	기후[기후]
장마[장마]	*장마철[장마철]
폭우[포구]	폭염[포겸]
폭설[폭썰]	천둥[천둥]
번개[번개]	태풍[태풍]
볼라벤[볼라벤]	한파[한파]
기온[기온]	최저기온[최저기온]
최고기온[최고기온]	영상[영상]
영하[영하]	찬바람[찬바람]
체감온도[체가몬도]	빙판길[빙판낄]
사계절[사계절]	습기[습끼]

*한국의 여름은 6~8월인데, 이 기간 중에 많은 비가 길게 집중적으로 내리는 것을 장마라고 합니다. 대체적으로는 6월 말에 시작되어 7월까지 계속됩니다. 많은 비가 한꺼번에 내려서 피해를 입기도 하기 때문에 한국 사람들은 침수나 산사태 피해를 줄이기 위해 대비를 철저히 합니다.

02 형용사

위험하다[위험하다]	무섭다[무섭따]
어리다[어리다]	불규칙하다[불규치카다]
외롭다[외롭따]	고민이 있다[고미니읻따]

높다[놉따]   낮다[낟따]

* 고온다습하다[고온다스파다]   진지하다[진지하다]

* 한국은 비교적 사계절이 뚜렷한 기후로 계절별로 각기 다른 자연의 아름다움을 발견할 수 있으며, 계절별로 다양하고 풍성한 채소, 과일, 곡식도 맛볼 수 있습니다. 그런데 최근에는 환경 오염으로 인한 이상 기후로 한국의 여름이 습기가 많으면서 온도가 높은 고온 다습한 아열대성 기후로 점점 바뀌어 가고 있다고 합니다.

03   동사

확인하다[화긴하다]   이어지다[이어지다]

동반하다[동반하다]   예상되다[예상되다]

생각하다[생가카다]   꿈을 펼치다[꾸믈펼치다]

용기를 내다[용기를내다]   고백하다[고배카다]

허락하다[허라카다]   우려되다[우려되다]

머물다[머물다]   주의하다[주이하다]

걸치다[걸치다]   뻗다[뻗따]

안심하다[안심하다]   반복되다[반복뙤다]

계속되다[계속뙤다]   마음에 들다[마으메들다]

집을 팔다[지블팔다]

04 기타

남이섬[나미섬]

중심[중심]

전국적[전국쩍]

바깥 활동[바까퐐똥]

해물탕[해물탕]

지방[지방]

상태[상태]

실내[실래]

연일[여닐]

영향권[영향꿘]

야외 활동[야외활똥]

김치전[김치전]

안색[안색]

대체로[대체로]

피해[피해]

사고[사고]

발 / 음 / 규 / 칙

'ㅎ+ㄱ'의 발음 격음화

받침 /ㅎ/은 뒤에 오는 첫소리에 /ㄱ, ㄷ, ㅈ/이 오면 /ㅋ, ㅌ, ㅊ/[ㅋ, ㅌ, ㅊ]로 발음해요.

$$그렇군요 \Rightarrow [그러쿤뇨]$$
$$ㅎ+ㄱ \Rightarrow \emptyset+ㅋ$$

이렇게[이러케]   **어떻다고**[어떠타고]   **그렇지만**[그러치만]

01 V-자고 하다, V-지 말자고 하다

하즈키 씨가 오늘 저녁에는 닭갈비를 먹지 말자고 했어요.

상황 '비비엔 씨가 "주말에 스키를 타러 갑시다." 하고 말했어요.' 이럴 때 "비비엔 씨가 주말에 스키를 타러 가자고 했어요."라고 말해요. '하즈키 씨가 "오늘 저녁에는 닭갈비를 먹지 맙시다." 하고 말했어요.' 이럴 때 "하즈키 씨가 오늘 저녁에는 닭갈비를 먹지 말자고 했어요." 라고 말해요.

설명 이렇게 'V-자고 하다', 'V-지 말자고 하다'는 '가다, 먹다'와 같은 동사에 연결되어 다른 사람의 제안을 전달하는 말이에요. 'V-자고 하다'는 어떤 사람이 본인이나 다른 사람에게 긍정적인 제안을 전달할 때 사용하고, 'V-지 말자고 하다'는 부정적인 제안을 전달할 때 사용해요.

최지영 씨가 주말에 김치전을 만들자고 해요.

보리스 씨가 여자 친구에게 결혼하자고 했어요.

리리 씨가 오늘 만나지 말자고 해요.

수파킷 씨가 휴가에 태국에 가지 말자고 했어요.

V-자고 하다 만드는 법

동사의 어간 마지막 음절에 받침이 없을 때와 있을 때 모두 'V-자고 하다'를 써요.

받침이 없을 때+자고 하다 보다+자고 하다→보자고 하다

받침이 있을 때+자고 하다 먹다+자고 하다→먹자고 하다

V-지 말자고 하다 만드는 법

동사의 어간 마지막 음절에 받침이 없을 때와 있을 때 모두 'V-지 말자고 하다'를 써요.

받침이 없을 때+지 말자고 하다 가다+지 말자고 하다→가지 말자고 하다

받침이 있을 때+지 말자고 하다 만들다+지 말자고 하다→만들지 말자고 하다

활용 연습 다음 빈 칸을 채워 보세요.

기본형	V-자고 하다	V-지 말자고 하다
영화를 보다		
감자탕을 먹다		
파리에 가다		
자전거를 타다		
책을 읽다		
볼링을 치다		
결혼하다		
음악을 듣다		

02 V-(으)라고 하다, V-지 말라고 하다

선생님께서 하즈키 씨에게
떠들지 말라고 했어요.

상황　'어머니께서 저에게 "아침에 일찍 일어나라." 하고 말했어요.' 이럴 때 "어머니께서 일찍 일어나라고 했어요."라고 말해요. '선생님께서 하즈키 씨에게 "하즈키 씨, 떠들지 마세요." 하고 말했어요.' 이럴 때 "선생님께서 하즈키 씨에게 떠들지 말라고 했어요."라고 말해요.

설명　이렇게 'V-(으)라고 하다', 'V-지 말라고 하다'는 '일어나다, 떠들다'와 같은 동사에 연결되어 명령을 전달하는 말이에요. 'V-(으)라고 하다'는 어떤 사람이 본인이나 다른 사람에게 명령하는 말을 전달할 때 사용하고 'V-지 말라고 하다'는 금지를 명령하는 말을 전달할 때 사용해요.

아버지께서 저에게 한국에 가면 열심히 공부하라고 했어요.

최지영 씨가 리리 씨에게 주말에 자기 집에 오라고 했어요.

선생님께서 요나단 씨에게 창밖을 보지 말라고 했어요.

V-(으)라고 하다 만드는 법
동사의 어간 마지막 음절에 받침이 없을 때는 'V-라고 하다', 받침이 있을 때는 'V-으라고 하다'를 써요.

받침이 없을 때+라고 하다 마시다+라고 하다→마시라고 하다

받침이 있을 때+으라고 하다 읽다+으라고 하다→읽으라고 하다

받침 ㄷ일 때→ㄹ+으라고 하다 걷다+ㄹ 으라고 하다→걸으라고 하다

받침 ㄹ일 때+라고 하다 만들다+라고 하다→만들라고 하다

받침 ㅂ일 때→우+라고 하다 줍다+우라고 하다→주우라고 하다

V-지 말라고 하다 만드는 법

동사의 어간 마지막 음절에 받침이 없을 때와 있을 때 모두 'V-지 말라고 하다'를 써요.

받침이 없을 때+지 말라고 하다 마시다+지 말라고 하다→마시지 말라고 하다

받침이 있을 때+지 말라고 하다 먹다+지 말라고 하다→먹지 말라고 하다

활용 연습 다음 빈 칸을 채워 보세요.

기본형	V-(으)라고 하다	V-지 말라고 하다
사진을 보다		
아이스크림을 먹다		
태권도를 배우다		
결혼하다		
CD를 듣다		
집을 팔다		
휴지를 줍다		

01   주말에 자전거를 타자고 했어요.

가 비비엔 씨가 뭐라고 했어요?

나 주말에 자전거를 타자고 했어요.

비비엔
"주말에 자전거를 탑시다."

앙리
"오늘 오후에
영화를 봅시다."

가 _____?

나 _____.

익곌
"이번 휴가에
아프리카에 갑시다."

가 _____?

나 _____.

최지영
"오늘 저녁에
해물탕을 먹읍시다."

가 _____?

나 _____.

만들어 보세요.

스테파니
"주말에
테니스를 칩시다."
압둘라
"무서우니까
같이 갑시다."
…

가 _____?

나 _____.

02 이번 방학에 중국에 가지 말자고 했어요.

가 리리 씨가 뭐라고 했어요?

나 이번 방학에 중국에 가지 말자고 했어요.

리리 "이번 방학에 중국에 가지 맙시다."

이준기
"오늘부터
술을 마시지 맙시다."

가 _____ ?

나 _____ .

스테파니
"담배를 피우지
맙시다."

가 _____ ?

나 _____ .

요나단
"우리 이제
만나지 말자."

가 _____ ?

나 _____ .

만들어 보세요.

최지영
"이제 싸우지 맙시다."

보리스
"내일부터
지각을 하지 맙시다."
…

가 _____ ?

나 _____ .

03　내일 팬미팅에 오라고 했어요.

가 이준기 씨가 뭐라고 했어요?
나 내일 팬미팅에 오라고 했어요.

이준기
"내일 팬미팅에 오세요."

선생님
"큰 소리로 책을
읽으세요."

가 ＿＿＿＿＿＿＿＿＿＿＿＿＿＿＿＿＿ ?
나 ＿＿＿＿＿＿＿＿＿＿＿＿＿＿＿＿＿ .

· ·

의사
"이 약을 드시고
푹 주무세요."

가 ＿＿＿＿＿＿＿＿＿＿＿＿＿＿＿＿＿ ?
나 ＿＿＿＿＿＿＿＿＿＿＿＿＿＿＿＿＿ .

· ·

아버지
"열심히 공부해라."

가 ＿＿＿＿＿＿＿＿＿＿＿＿＿＿＿＿＿ ?
나 ＿＿＿＿＿＿＿＿＿＿＿＿＿＿＿＿＿ .

· ·

만들어 보세요.

최지영
"끝나면 전화하세요."

일기예보
"밤부터 아침에 걸쳐
비가 많이 오니까
문을 잘 닫으세요."
...

가 ＿＿＿＿＿＿＿＿＿＿＿＿＿＿＿＿＿ ?
나 ＿＿＿＿＿＿＿＿＿＿＿＿＿＿＿＿＿ .

· ·

04 수업 시간에 떠들지 말라고 하셨어요.

선생님
"수업 시간에
떠들지 마세요."

가 선생님께서 뭐라고 하셨어요?
나 수업 시간에 떠들지 말라고 하셨어요.

스테파니
"담배를
피우지 마세요."

가 _____?
나 _____.

일기예보
"내일은 비가
많이 오니까
밖에 나가지 마세요."

가 _____?
나 _____.

어머니
"밤에
게임하지 마라."

가 _____?
나 _____.

만들어 보세요.

아버지
"TV를 너무 많이
보지 마라."

비비엔
"다리를 뻗지 마세요."
…

가 _____?
나 _____.

듣기 연습

CD로 들어 보세요
07:06

문제 다음 문장을 듣고 ○, ×로 대답해 보세요.

〈 보기 〉 **비비엔 씨와 보리스 씨는 지금 기분이 아주 좋아요. (×)**

1. 비비엔 씨는 결혼하고 싶은데

　　부모님이 허락을 안 하셔서 걱정이에요. (　　)

2. 부모님은 비비엔 씨가 외국에서 혼자 사니까

　　걱정이 되어서 빨리 결혼하라고 하세요. (　　)

3. 보리스 씨는 좋아하는 사람이 생겼는데

　　아직 좋아한다고 말을 못 했어요. (　　)

이준기와 이야기하기

CD를 듣고 이준기와 대화해 보세요.

일기예보 멘트

"날씨를 알려 드리겠습니다. 연일 한파와 폭설이 계속되고 있습니다.
현재 서울을 중심으로 눈이 내리고 있고 그 밖의 지방은 대체로 맑은 상태입니다.
부산은 20년 만의 폭설로 예상하지 못한 피해가 우려되고 있습니다.
내일도 전국적으로 많은 눈이 내리겠습니다. 아침 기온 서울 영하 13도, 대전 영하 7도,
부산은 영하 5도가 되겠습니다. 낮 기온은 서울 영하 6도, 부산 3도에 머물겠습니다.
찬바람 때문에 체감온도는 더 낮겠습니다. 내일은 바깥 활동보다는 실내에서
따뜻하게 지내시고, 빙판길 사고 주의하시기 바랍니다."

비비엔	어! 또 눈이 오네요!
이준기	진짜 추워요. 지금 한 영하 20도쯤 되겠지요?
비비엔	글쎄요. 오늘 아침 일기예보에서는 최저기온이 영하 10도이고 낮 최고기온은 영하 3도라고 했어요.
이준기	정말? 눈이 오면 보리스 씨가 스키를 타러 가자고 했는데 날씨가 너무 추워서 걱정이에요.
비비엔	그래도 내일 주말인데 같이 가자고 할까요?
이준기	좋아요. 지금 전화해서 내일 시간이 있냐고 물어 봅시다.
비비엔	그거 좋은 생각이에요.

한국의 봄, 여름, 가을, 겨울

한국의 날씨는 봄, 여름, 가을, 겨울 사계절이 뚜렷한 편이에요.

3월, 4월, 5월은 꽃피는 봄의 계절로 만물이 소생하는 생명의 에너지가 가득하지요. 한국에서는 모든 학기도 3월에 시작된답니다. 그리고 봄이 왔는가 싶다가도 갑자기 날씨가 추워지곤 하는데, 봄을 시샘하는 추위라는 뜻에서 '꽃샘추위'라고 해요.

여름인 6월, 7월, 8월은 전국 방방곡곡이 푸르름으로 가득합니다. 그런데 6월 말부터 7월 중순까지는 장마철이어서, 폭우로 큰 피해를 입기도 해요. 장마가 끝나고 나면 아주 무더운 날씨가 이어져요.

가을은 9월, 10월, 11월인데요, 이때는 봄에 씨를 뿌려 여름에 자란 곡식들이 열매를 맺는 시기예요. 그래서 가을을 '수확의 계절'이라고도 해요. 특히 한국의 가을 하늘은 높고 눈이 부시도록 청명하답니다.

가을이 지나고 찾아오는 12월, 1월, 2월은 매우 추운 겨울이에요. 한 해의 끝과 새로운 해의 시작이 이어지는 시기이기도 하지요. 한국 겨울 날씨의 특징은 3일은 춥고 4일은 따뜻한 '삼한사온' 현상이 있기도 해요.

그런데 요즘은 지구의 이상 기온 현상으로 사계절이 뚜렷했던 한국의 날씨가 점점 봄, 가을이 짧아지는 경향을 보이고 있어 안타까워요.

쌈밥을 먹을 줄 알아요?

학습 목표

상황

한국 음식 만들기

어휘

요리, 미용실

문법

V−는 법
A−게
V−(으)ㄹ 줄 알다/모르다

CD로 들어 보세요
00:15

최지영 보리스 씨가 한국에 온 지 두 달이 지났지요?

이제 한국 음식은 입에 맞아요?

보리스 네, 처음에는 한국 음식이 너무 매워서 잘 못 먹었는데

지금은 정말 좋아해요.

최지영 보리스 씨는 한국 음식 중에서 뭐가 제일 좋아요?

보리스 삼겹살, 감자탕, 불고기…… 다 좋아하는데

아직도 못 먹어 본 음식이 많아요.

최지영 그래요? 그럼, 보리스 씨, 오늘 점심은 쌈밥이 어때요?

쌈밥을 먹을 줄 알아요?

보리스   쌈밥요? 아직 안 먹어봤어요. 궁금한데요?

최지영   그럼 오늘은 쌈밥을 먹으러 가요.

보리스   네, 좋아요!

〈쌈밥집에서〉

최지영   보리스 씨, 제가 쌈밥을 맛있게 먹는 법을 가르쳐 드릴게요.

보리스   어! 쌈밥은 먹는 법이 따로 있어요?

최지영   그럼요. 우선 쌈밥을 먹을 때는 손을 많이 사용하니까

             손을 깨끗하게 닦으세요.

보리스   와, 손으로 먹는다고요? 다 닦았어요. 그 다음에는요?

최지영   그다음에는 상추를 손바닥 위에 잘 펴세요.

             그리고 그 위에 밥, 고기, 채소를 적당히 넣고 쌈장을 얹어서

             예쁘게 싸서 먹으면 돼요.

보리스   아, 싸서 먹는 밥이라서 쌈밥이군요! 재미있는 이름인데요?

최지영   그런데 너무 크게 싸면 한입에 안 들어가요.

보리스   괜찮아요. 아주 맛있어요.

             고기와 채소와 쌈장이 정말 잘 어울려요.

최지영   보리스 씨의 입에 맞아서 다행이에요.

01　요리 재료

콩[콩]　　　　　　　　양파[양파]

파[파]　　　　　　　　마늘[마늘]

간장[간장]　　　　　　설탕[설탕]

깨소금[깨소금]　　　　참기름[참기름]

후추[후추]　　　　　　육수[육쑤]

햄[햄]　　　　　　　　식용유[시굥뉴]

계란[계란/계란]

02　동사

볶다[복따]　　　　　　닦다[닥따]

땋다[따타]　　　　　　자르다[자르다]

다지다[다지다]　　　　썰다[썰다]

넣다[너:타]　　　　　　섞다[석따]

주무르다[주무르다]　　끓이다[끄리다]

익다[익따]　　　　　　얹다[언따]

맡기다[맏끼다]　　　　준비하다[준비하다]

두르다[두르다]　　　　싸다[싸다]

일으키다[이르키다]　　움직이다[움지기다]

03 형용사

곱다[곱따]   잘다[잘다]

둥글다[둥글다]   넓다[널따]

좁다[좁따]   길다[길다]

짧다[짤따]   가늘다[가늘다]

굵다[국따]   아깝다[아깝따]

공정하다[공정하다]

04 미용실

미용실[미용실]   미용사[미용사]

앞머리[암머리]   옆머리[염머리]

뒷머리[뒨머리]   헤어스타일[헤어스타일]

단발머리[단발머리]   숏커트[숃커트]

머릿결[머릳껼]   파마하다[파마하다]

숱을 치다[수틀치다]   드라이하다[드라이하다]

드라이기[드라이기]   머리를 말리다[머리를말리다]

염색하다[염새카다]   다듬다[다듬따]

올리다[올리다]

05 기타

입에 맞다[이베맏따]

쌈밥[쌈밥]

상추[상추]

유리[유리]

작은 술[자근술]

프라이팬[프라이팬]

우선[우선]

완성[완성]

장구를 치다[장구를치다]

제일[제일]

쌈장[쌈장]

따로[따로]

큰 술[큰술]

그릇[그륻]

접시[접씨]

먼저[먼저]

문자를 보내다[문짜를보내다]

드럼을 치다[드러믈치다]

발 / 음 / 규 / 칙

'(으)ㄹ+ㅈ'의 발음 경음화

동사와 형용사의 활용형 /(으)ㄹ/ 뒤에 오는 음절의 첫소리에 /ㄱ, ㄷ, ㅂ, ㅅ, ㅈ/이 오면 /ㄲ, ㄸ, ㅃ, ㅆ, ㅉ/[끄, 뜨, 쁘, 쓰, 쯔]로 발음해요.

만들 줄 아세요 ⇒ [만들쭈라세요]
(으)ㄹ+ㅈ ⇒ (으)ㄹ+ㅉ

먹을 줄 알아요[머글쭈라라요] **볶을 줄 몰라요**[보끌쭐몰라요] **갈 줄 몰랐어요**[갈쭐몰라써요]

01 V-는 법

상황　'피아노를 어떻게 쳐요? 손가락으로 도, 레, 미, 파, 솔, 라, 시, 도 건반을 누르죠?'
이럴 때 '피아노를 치는 법'이라고 말해요. '어떻게 운전해요? 핸들을 오른쪽으로 왼쪽으로 돌리면서 하죠?' 이럴 때 '운전하는 법'이라고 말해요.

설명　이렇게 'V-는 법'은 '피아노를 치다, 운전하다'와 같은 동사에 연결되어 그 동사를 하는 방법을 가리키는 말이에요.

피아노를 치는 법

피아노 **치는 법**을 가르쳐 주세요.

불고기 **만드는 법**을 알아요?

한국의 지하철 **타는 법**은 간단해요.

V-는 법 만드는 법

동사의 어간 마지막 음절에 받침이 없을 때와 있을 때 모두 'V-는 법'을 써요.

받침이 없을 때+는 법　요리하다+는 법→요리하는 법

받침이 있을 때+는 법　볶다+는 법→볶는 법

받침 ㄹ일 때→ㄹ는 법　만들다+는 법→만드는 법

활용 연습 다음 빈 칸을 채워 보세요.

기본형	V−는 법	기본형	V−는 법
볼링을 치다		머리를 땋다	
한글을 쓰다		태국어를 읽다	
자르다		김치를 만들다	
유리를 닦다		게를 먹다	
된장찌개를 끓이다		잘게 다지다	
부산에 가다		바이올린을 켜다	

02 A−게

상황 '저는 지금 머리가 길어요. 그런데 짧은 머리를 하고 싶어서 미용실에 갔어요.'
이럴 때 미용사에게 "짧게 잘라 주세요."라고 말해요. '어머니가 불고기를 만
들고 있어요. 저는 맛있는 불고기를 먹고 싶어요.' 이럴 때 어머니께 "맛있게
만들어 주세요."라고 말해요.

설명 이렇게 'A−게'는 '짧다, 맛있다'와 같은 형용사에 연결되어 '자르다, 만들다'
와 같은 동사를 어떻게 자르고 어떻게 만드는지 설명하는 부사처럼 사용해요.

짧게 잘라
주세요.

머리를 짧게 잘랐어요.

케이크를 예쁘게 만들었어요.

방을 깨끗하게 치웠어요.

A-게 만드는 법

형용사의 어간 마지막 음절에 받침이 없을 때와 있을 때 모두 'A-게'를 써요.

받침이 없을 때+게 예쁘<del>다</del>+게 → 예쁘게

받침이 있을 때+게 짧<del>다</del>+게 → 짧게

활용 연습　다음 빈 칸을 채워 보세요.

기본형	A-게	기본형	A-게
크다		곱다	
작다		잘다	
둥글다		길다	
넓다		짧다	
가늘다		굵다	

03 V-(으)ㄹ 줄 알다/모르다

상황 '피아노가 있어요. 저는 어렸을 때 피아노를 배웠어요. 그래서 피아노를 칠 수 있어요.' 이럴 때 "저는 피아노를 칠 줄 알아요."라고 말해요. '자동차가 있어요. 하지만 저는 운전면허가 없어요. 차가 어떻게 앞으로 가고 뒤로 가는지 몰라요.' 이럴 때 "저는 운전할 줄 몰라요."라고 말해요.

설명 이렇게 'V-(으)ㄹ 줄 알다, V-(으)ㄹ 줄 모르다'는 '피아노를 치다, 운전하다'와 같은 동사에 연결되어, 그 동사를 하는 방법을 알 때 또는 모를 때 사용하는 말이에요.

한글을 쓸 줄 알아요.

혼자서 할 줄 알아요.

중국어를 할 줄 몰라요.

김치를 만들 줄 몰라요.

V-(으)ㄹ 줄 알다/모르다 만드는 법

동사의 어간 마지막 음절에 받침이 없을 때는 'V-ㄹ 줄 알다/모르다', 받침이 있을 때는 'V-을 줄 알다/모르다'를 써요.

받침이 없을 때+ㄹ 줄 알다/모르다 타다+ㄹ 줄 알다→탈 줄 알다

받침이 있을 때+을 줄 알다/모르다 먹다+을 줄 알다→먹을 줄 알다

받침 ㄷ일 때→ㄹ+을 줄 알다/모르다 듣다+ㄹ을 줄 알다→들을 줄 알다

받침 ㄹ일 때→ㄹ+ㄹ 줄 알다/모르다 만들다+ㄹ 줄 알다→만들 줄 알다

받침 ㅂ일 때→우+ㄹ 줄 알다/모르다 줍다+울(우+ㄹ) 줄 알다→주울 줄 알다

활용 연습 다음 빈 칸을 채워 보세요.

기본형	V-(으)ㄹ 줄 알다	V-(으)ㄹ 줄 모르다
피아노를 치다		
하모니카를 불다		
바이올린을 켜다		
스키를 타다		
된장찌개를 끓이다		
영어를 하다		
한자를 쓰다		

01 스키 **타는 법** 좀 가르쳐 주세요.

스키타다

가 스키 타는 법 좀 가르쳐 주세요.
나 네, 좋아요. 가르쳐 줄게요.

| 피아노
치다 | 가 _____. |
| | 나 _____. |

| 문자
보내다 | 가 _____. |
| | 나 _____. |

| 김치
만들다 | 가 _____. |
| | 나 _____. |

만들어 보세요.

불고기/만들다
하모니카/불다
볼링/치다
…

가 _____.
나 _____.

02 앞머리를 예쁘게 잘라 주세요.

앞머리
예쁘다/자르다

미용사 손님, 어떻게 해 드릴까요?

비비엔 앞머리를 예쁘게 잘라 주세요.

뒷머리
깨끗하다/자르다

가 _____?

나 _____.

· ·

옆머리
짧다/자르다

가 _____?

나 _____.

· ·

가늘다
파마하다

가 _____?

나 _____.

· ·

굵다
파마하다

가 _____?

나 _____.

· ·

노랗다
염색하다

가 _____ ?

나 _____ .

가볍다
숱을 치다

가 _____ ?

나 _____ .

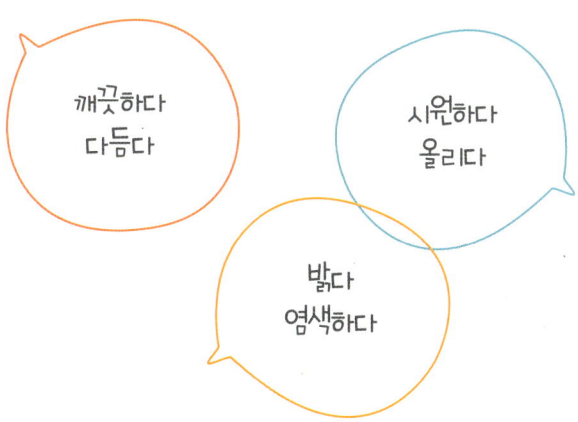

가 _____ ?

나 _____ .

만들어 보세요.

깨끗하다
다듬다

시원하다
올리다

밝다
염색하다

03 드럼을 칠 줄 아세요?

가 드럼을 칠 줄 아세요?
나 네, 칠 줄 알아요.

드럼을 치다 ○

하모니카를 불다 ○

가 _____?
나 _____.

태권도를 하다 ○

가 _____?
나 _____.

장구를 치다 ○

가 _____?
나 _____.

만들어 보세요.
운전하다 ○
바이올린을 켜다 ○
...

가 _____?
나 _____.

자전거를 타다 ✕

가 **자전거를 탈 줄 아세요?**
나 **아니요, 탈 줄 몰라요.**

태국어를 읽다 ✕

가 _____?
나 _____.

수영하다 ✕

가 _____?
나 _____.

닭갈비를 만들다 ✕

가 _____?
나 _____.

만들어 보세요.
테니스를 치다 ✕
한자를 쓰다 ✕
...

가 _____?
나 _____.

듣기 연습

문제 이 사람은 어떤 헤어스타일을 했어요?

①	②	③

숏커트	긴머리 굵은 파마	단발머리 드라이 파마

이준기와 이야기하기

CD를 듣고 이준기와 대화해 보세요.

CD로 들어 보세요
09:27

이준기	하즈키 씨, 한국 음식 중에서 뭘 제일 좋아해요?
하즈키	음, 닭갈비하고 김치볶음밥을 아주 좋아해요.
이준기	아! 저도 닭갈비하고 햄을 넣은 김치볶음밥을 좋아해요.
하즈키	그럼 이준기 씨, 김치볶음밥을 만들 줄 아세요?
이준기	물론이죠! 김치볶음밥은 저에게 맡겨 주세요.
하즈키	정말요? 그럼 어떻게 만드는지 좀 가르쳐 줄 수 있어요?
이준기	네, 좋아요. 우선 김치볶음밥을 만드는 데는 잘 익은 김치를 준비하는 것이 중요해요.
하즈키	아! 김치는 잘 익은 것을 준비해야 하는군요!
이준기	네, 그리고 밥 2그릇과 햄 1개, 양파 1개, 식용유 2큰 술, 참기름 1큰 술 그리고 계란 3개가 필요해요.

이준기와 이야기하기

CD를 잘 듣고 질문에 답해 보세요.

하즈키   아! 참기름과 계란도 필요하군요!

이준기   우선 김치를 잘게 썰고, 햄과 양파도 1cm 길이로
         잘게 썰어 주세요.
         그리고 식용유를 두른 프라이팬에 양파와 햄을 넣고
         3분간 볶다가 김치를 넣고 볶으세요.

하즈키   양파와 햄 그리고 김치를 넣고 먼저 볶는군요!

이준기   네, 거기에 밥 2그릇을 넣고 다시 5분간 볶아서 접시에 담고
         계란프라이를 얹으면 맛있는 김치볶음밥 완성이에요.

하즈키   와! 맛있을 것 같아요.
         이준기 씨, 정말 김치볶음밥을 잘 만드는군요!

이준기   물론이죠!

김치볶음밥 만들기

◆ **3인분 재료** ◆

익은 김치 300그램, 밥 2그릇, 햄 1개, 양파 ½개
식용유 2큰 술, 참기름 1큰 술, 계란 3개

◆ **만드는 법** ◆

❶ 익은 김치를 잘게 썬다.
❷ 양파와 햄은 1cm길이로 잘게 썬다.
❸ 프라이팬에 양파와 햄을 넣고
   3분간 볶다가 ①의 김치를 넣고 볶는다.
❹ 밥 2그릇을 넣고 5분간 볶는다.
❺ 접시에 담고 계란프라이를 얹는다.

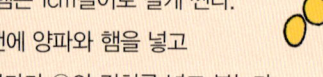

읽어 보기

사설을 읽어봅시다

조용필과 싸이가 일으킨 창조적 문화 신드롬

'가왕' 조용필과 '한류의 아이콘' 싸이가 시대의 문화 파워로 우뚝 섰다. 국내외 음악 산업의 주인공이 되면서 대한민국의 창조적인 문화 현상을 선도하고 있다. 국민들은 조용필의 "바운스 바운스"를 읊조리며 마음을 다스리고, 세계인들은 싸이의 "알랑가몰라 왜 쌔끈하게 해야 하는 건지"를 따라 부르며 시건방춤을 춘다. 특정 세대나 장르를 극복한 두 가수의 성공을 통해 노래 한 곡에 담긴 무한한 상상력과 문화적 저력을 실감케 한다.

조용필은 지난 3일 신곡 '바운스'로 23년 만에 지상파 방송 음악 프로그램인 KBS 2TV 〈뮤직뱅크〉의 'K(케이) 차트'에서 1위를 차지했다. MBC TV 〈쇼! 음악중심〉에서도 1위에 올랐다. 미국 음악 전문 매체 빌보드는 "조용필은 한국 가요계의 살아 있는 전설, 한국의 마이클 잭슨"이라는 칼럼을 게재했다. 조용필의 '1등'은 음원·음반 차트 외에 시청자 선호도와 방송 횟수 등 다양한 방식을 통해 선정된 1등이라는 점에서 조용필 신드롬의 징표이다. 그는 아이돌 위주의 수익 구조인 가요 생태계에서 '가왕의 전설'을 벗어버리고 10~20대도 공감하는 젊은 감각과 개방적인 장인 정신으로 시대의 변화를 적극 수용했다.

시대의 성찰을 담은 조용필의 노래와 달리 싸이의 노래는 19금 코드인 선정적인 동영상과 풍자 가득한 가사 때문에 폭발적 인기를 누리고 있다. 싸이는 지난 3일 미국 NBC TV 간판 프로그램인 〈투데이 쇼〉에 출연해

읽어 보기

뉴욕 록펠러광장에서 신곡 '젠틀맨'과 '강남스타일'을 공연한 뒤
"대한민국 만세"를 외쳤다. 6일 ABC TV에 출연한 후 9일에는
하버드대 초청 특별강연회를 갖는 등 일정이 바쁘다. '젠틀맨'은 유튜브
최단 기간(4일) 1억뷰 돌파에 이어 3억뷰를 맞고, 최다 조회 '강남스타일'은
15억뷰를 넘었다.

조용필과 싸이 현상은 이들이 각종 음원·음반 차트를 휩쓸면서
극대화되고 있다. 그러나 이들의 장인 정신을 신한류 문화 산업으로
이어가기가 쉽지만은 않다. 이를 위해 우선 문화 전파를 위한 마케팅
전략이 조직적이고 정교해야 한다. 대형 기획사 위주에서 탈피해 중소 문화
콘텐츠 사업자들을 지원하는 정책 수립도 아쉽다. 또한 곡당 다운로드
가격이 빠른 시일 내에 인상되고, 불법 다운로드에 대한 처벌이
이루어져야 한다. 현재 곡당 다운로드 가격은 미국 약 1,440원,
일본 약 2,280원인데 한국은 105원이다. 아울러 연예인을 위한 공정한
계약이 뒤따라야 한다. 스타는 하늘에서 뚝 떨어지는 게 아니다.

_ 2013년 5월 5일 경향신문 오피니언 사설

창조적[창조적]

가왕[가왕]

우뚝[우뚝]

음악 산업[으막싸넙]

선도하다[선도하다]

....

특정[특쩡]

장르[장르]

상상력[상상녁]

실감하다[실감하다]

차트[차트]

....

매체[매체]

전설[전설]

게재하다[게재하다]

음반[음반]

선호도[선호도]

....

방식[방식]

징표[징표]

젊다[점따]

장인 정신[장인정신]

위주[위주]

....

생태계[생태계]

성찰[성찰]

19금[십꾸금]

선정적[선정적]

풍자[풍자]

신드롬[신드롬]

시대[시대]

국내외[궁내외]

문화 현상[문화현상]

읊조리다[읍쪼리다]

....

세대[세대]

무한하다[무한하다]

저력[저력]

지상파 방송[지상파방송]

차지하다[차지하다]

....

가요계[가요계]

칼럼[칼럼]

음원[으뭔]

시청자[시청자]

횟수[휃수]

....

선정되다[선정되다]

공감하다[공감하다]

개방적[개방적]

아이돌[아이돌]

수익 구조[수익꾸조]

....

수용하다[수용하다]

달리[달리]

코드[코드]

동영상[동영상]

가득하다[가드카다]

가사[가사]

간판[간판]

공연하다[공연하다]

강연회[강연회]

돌파[돌파]

· · · · · · · · · ·

각종[각쫑]

극대화[극때화]

사업자[사업짜]

전파[전파]

전략[절략]

· · · · · · · · · ·

정교하다[정교하다]

기획사[기획싸]

중소[중소]

지원하다[지원하다]

시일[시일]

· · · · · · · · · ·

불법[불뻡]

이루어지다[이루어지다]

다운로드[다운로드]

연예인[여녜인]

계약[계약]

· · · · · · · · · ·

마음을 다스리다[마으믈다스리다]

인기를 누리다[인끼를누리다]

폭발적[폭빨쩍]

출연하다[추련하다]

초청[초청]

최단기간[최단기간]

최다 조회[최다조회]

· · · · · · · · · ·

휩쓸다[휩쓸다]

신한류[신할류]

이어가다[이어가다]

마케팅[마케팅]

조직적[조직쩍]

· · · · · · · · · ·

대형[대형]

탈피하다[탈피하다]

콘텐츠[콘텐츠]

수립[수립]

인상되다[인상되다]

· · · · · · · · · ·

처벌[처벌]

현재[현재]

아울러[아울러]

공정하다[공정하다]

뒤따르다[뒤따르다]

어떤 사람과 결혼하고 싶어요?

학습 목표

상황

결혼의 조건 이야기하기

어휘

결혼, 외모, 성격

문법

A-아/어 보이다
A/V-(으)면 좋겠다
N(이)면 좋겠다
N(이)나 N

CD로 들어 보세요
00:15

수파킷   하즈키 씨, 어떤 사람과 결혼하고 싶어요?

하즈키   글쎄요. 저랑 취미가 비슷한 사람이면 좋겠어요.
　　　　　제가 활동적인 편이니까 운동이나 여행을 좋아하는
　　　　　사람이면 좋겠죠.

수파킷   저도 그래요. 취미가 같으면 함께 나눌 수 있는
　　　　　이야기도 많아지니까요.

하즈키   그리고 제가 좀 마른 편이니까 배우자는 키가 크고
　　　　　통통한 편이면 좋겠어요.

수파킷	하하하. 사람들은 보통 자기랑 다른 스타일의 이성에게 더 끌린다는 말이 있던데, 하즈키 씨도 그렇군요.
하즈키	그리고 제가 좀 덜렁대는 편이니까 자상한 사람을 만나고 싶어요.
수파킷	그럼, 어떤 직업을 가진 사람이 좋아요?
하즈키	음! 공무원이나 선생님처럼 출퇴근 시간이 일정한 직업을 가진 사람이면 좋겠어요.
수파킷	하즈키 씨는 안정적인 직업을 가진 사람을 선호하는군요!
하즈키	그것보다는 가족과 함께 시간을 많이 보낼 수 있는 사람이면 좋겠어요. 수파킷 씨는 어떤 직업을 가진 여자와 결혼하고 싶어요?
수파킷	저는 음악가나 화가같이 열정적이고 자유로운 직업을 가진 사람이면 좋겠어요.
하즈키	와! 수파킷 씨, 예술가를 좋아하세요? 뜻밖이에요.
수파킷	제가 글 쓰는 것이나 그림 그리는 것을 좋아하니까 그런 사람과 결혼하면 대화가 잘 통하겠지요.
하즈키	그럼, 수파킷 씨는 배우자의 경제적인 능력은 어떻게 생각하세요?
수파킷	물론 돈이 많으면 좋지만, 앞으로 함께 만들어 가는 미래가 더 중요하다고 생각해요.
하즈키	저도 사랑한다면 경제적인 것은 중요하지 않다고 생각해요.

01 동사

마르다[마르다]

극복하다[극뽀카다]

참석하다[참서카다]

끌리다[끌리다]

끌다[끌:다]

덜렁대다[덜렁대다]

생기다[생기다]

토론하다[토론하다]

커피를 내리다[커피를내리다]

꿈꾸다[꿈꾸다]

나누다[나누다]

통하다[통하다]

선호하다[선호하다]

02 형용사

통통하다[통통하다]

흥미롭다[흥미롭따]

아쉽다[아쉽따]

자상하다[자상하다]

적절하다[적쩔하다]

똑똑하다[똑또카다]

재미있다[재미읻따]

중요하다[중요하다]

일정하다[일쩡하다]

자유롭다[자유롭따]

다정하다[다정하다]

부럽다[부럽따]

날씬하다[날씬하다]

행복하다[행보카다]

재미없다[재미업따]

03　결혼

배우자[배우자]　　　　　　　국제결혼[국제결혼]

프러포즈[프러포즈]　　　　　　신랑[실랑]

신부[신·부]　　　　　　　　　예단[예단]

시댁[시댁]　　　　　　　　　처가[처가]

함[함]　　　　　　　　　　　＊사주단자[사·주딴자]

웨딩드레스[웨딩드레스]　　　　＊＊폐백[폐백/페백]

축의금[추기금]　　　　　　　피로연[피로연]

결혼관[결혼관]

＊정혼을 한 뒤 신랑 집에서 신부 집으로 신랑의 사주四柱인 생년, 월, 일, 시의 네 간지干支를 적어서 보내는 간지簡紙예요.

＊＊신부가 시댁에 와서 시부모를 비롯한 여러 시댁 어른들께 드리는 인사로, 전통혼례에서는 결혼식 1~3일 후 시댁에 가서 대추, 밤 등을 차려 놓고 절을 드렸지만, 요즘은 결혼식 직후 식장에서 바로 절을 드리고 신혼여행을 떠나는 것이 보통입니다. 신혼부부가 절을 올릴 때, 어른들은 대추와 밤을 신부의 치마 위로 던져 주시는데 이것은 자식을 많이 낳으라는 축복의 의미입니다.

폐백

04　기타

출퇴근[출퇴근]　　　　　　　안정적[안정적]

예술가[예술가]　　　　　　　뜻밖[뜯빡]

경제적[경제적]

줄무늬[줄무니]

만약[마냑]

관계가 있다[관계가일따]

애교[애교]

보람[보람]

부동산[부동산]

퀴즈[퀴즈]

소꿉놀이[소꿉노리]

공짜[공짜]

사무실[사무실]

네팔[네팔]

능력[능녁]

하이힐[하이힐]

이탈리아[이탈리아]

조건[조껀]

색깔[색깔]

햇살[핻쌀]

초반[초반]

예전[예전]

가끔씩[가끔씩]

전문가[전문가]

작업실[자겁씰]

발 / 음 / 규 / 칙

'ㄶ+ㅈ'의 발음 겹받침단순화

겹받침 /ㄶ, ㅀ/은 첫소리 /ㄴ, ㄹ/은 그대로 발음되고 둘째 소리인 /ㅎ/은 뒤에 오는 첫소리
에 /ㄱ, ㄷ, ㅈ/이 오면 /ㅋ, ㅌ, ㅊ/[크, 트, 츠]로 발음해요.

괜찮지만 ⇒ [괜찬치만]

ㄶ+ㅈ ⇒ ㄴ+ㅊ

많고[만코]   **~않다**[안타]   **싫지요**[실치요]

문법

---

01 A-아/어 보이다

키가 커 보여요.

상황 '리리 씨는 키가 작아요. 그런데 오늘 줄무늬 바지를 입고 하이힐을 신었어요. 그래서 키가 큰 것 같아요.' 이럴 때 "리리 씨, 오늘 키가 커 보여요."라고 말해요. '수파킷 씨는 아프다고 말하지 않았어요. 그런데 오늘은 말도 없고 안색도 안 좋고 밥도 안 먹어요. 아마 아픈 것 같아요.' 이럴 때 "수파킷 씨가 오늘 아파 보여요."라고 말해요.

설명 이렇게 'A-아/어 보이다'는 '키가 크다, 아프다'와 같은 형용사에 연결되어 실제로 키가 크지 않지만 내 눈에 크게 보이고, 진짜 아픈지는 모르지만 지금 내 눈에 그렇게 보인다고 말할 때 사용해요.

스테파니 씨 그 옷을 입으니까 귀여워 보여요.

오늘은 운동화를 신어서 키가 작아 보여요.

와! 떡볶이가 맛있어 보여요.

보리스 씨가 오늘 슬퍼 보여요.

A-아/어 보이다 만드는 법

형용사 어간의 마지막 음절에 모음 'ㅏ, ㅗ'가 없을 때는 'V-어 보이다', 'ㅏ, ㅗ'가 있을 때는 'V-아 보이다'를 써요.

ㅏ, ㅗ가 없을 때+어 보이다 맛없다+어 보이다→맛없어 보이다

ㅏ, ㅗ가 있을 때+아 보이다 많다+아 보이다→많아 보이다

'∼하다'일 때→∼해 보이다 따뜻하다+해 보이다→따뜻해 보이다

받침 ㅂ일 때→우+어 보이다 춥다+워(우+어) 보이다→추워 보이다

활용 연습 다음 빈 칸을 채워 보세요.

기본형	A-아/어 보이다	기본형	A-아/어 보이다
키가 크다		예쁘다	
통통하다		슬프다	
얼굴이 작다		귀엽다	
돈이 많다		맵다	
따뜻하다		춥다	
관계가 있다		재미없다	
흥미롭다		쉽다	
적절하다		어렵다	

02 A/V-(으)면 좋겠다, N(이)면 좋겠다

상황 '친구들이 토요일에 이준기 씨 팬미팅에 간다고 해요. 그런데 저는 이번 주말에 바빠서 못 가요. 저도 가고 싶어요.' 이럴 때 "저도 이준기 씨 팬미팅에 가면 좋겠어요."라고 말해요. '저는 지금 뚱뚱해요. 지영이는 키가 크고 날씬해요. 저는 지영이가 정말 부러워요.' 이럴 때 "지영이처럼 날씬하면 좋겠어요."라고 말해요. '저는 지금 남자 친구가 없어요. 만약에 남자 친구가 생긴다면 똑똑한 사람을 만나고 싶어요.' 이럴 때 "똑똑한 사람이면 좋겠어요."라고 말해요.

설명 이렇게 'A/V-(으)면 좋겠다, N(이)면 좋겠다'는 '가다, 날씬하다, 똑똑한 사람'과 같은 동사, 형용사, 명사에 연결되어 지금은 팬미팅에 갈 수 없고, 뚱뚱하고, 똑똑한 남자 친구가 없지만 그렇게 하고 싶은 희망을 나타낼 때 사용해요.

이준기 씨 팬미팅에 가면 좋겠어요.

이번 휴가에 이탈리아에 가면 좋겠어요.

졸업하고 외교관이 되면 좋겠어요.

지금보다 키가 3cm만 더 크면 좋겠어요.

남자 친구가 부자면 좋겠어요.

A/V-(으)면 좋겠다 만드는 법

동사와 형용사의 어간 마지막 음절에 받침이 없을 때는 'A/V-면 좋겠다', 받침이 있을 때는 'A/V-으면 좋겠다'를 써요.

받침이 없을 때+면 좋겠다 보다+면 좋겠다→보면 좋겠다

받침이 있을 때+으면 좋겠다 많다+으면 좋겠다→많으면 좋겠다

받침 ㄷ일 때→ㄹ+으면 좋겠다 듣다+ㄹ으면 좋겠다→들으면 좋겠다

받침 ㄹ일 때→+면 좋겠다 멀다+면 좋겠다→멀면 좋겠다

받침 ㅂ일 때→우+면 좋겠다 맵다+우면 좋겠다→매우면 좋겠다

N(이)면 좋겠다 만드는 법

명사의 어간 마지막 음절에 받침이 없을 때는 'N면 좋겠다', 받침이 있을 때는 'N이면 좋겠다'를 써요.

받침이 없을 때+면 좋겠다 부자+면 좋겠다→부자면 좋겠다

받침이 있을 때+이면 좋겠다 좋은 사람+이면 좋겠다→좋은 사람이면 좋겠다

활용 연습 다음 빈 칸을 채워 보세요.

기본형	A-(으)면 좋겠다	기본형	A-(으)면 좋겠다
날씬하다		돈이 많다	
통통하다		재미있다	
얼굴이 작다		예쁘다	
귀엽다		똑똑하다	

활용 연습　다음 빈 칸을 채워 보세요.

기본형	V-(으)면 좋겠다	기본형	V-(으)면 좋겠다
이준기 씨를 만나다		인기를 끌다	
브라질에 가다		태권도를 배우다	
닭갈비를 먹다		수업 시간에 토론하다	
보람을 느끼다		어려움을 극복하다	
남자 친구가 생기다		좋은 집에 살다	
눈이 오다		외교관이 되다	
시원한 물을 마시다		결혼하다	

기본형	N-(이)면 좋겠다	기본형	N-(이)면 좋겠다
친구		학생	
전문가		즐거운 시간	
연인		연예인	
휴일		좋은 사람	
좋은 선물		공짜	
꿈		정말	
방학		끝	

03 N(이)나 N

상황 '저는 배가 고파요. 무엇을 먹을까 생각하다가 사과 아니면 바나나를 먹으려고 해요.' 이럴 때 '사과나 바나나를 먹어요.'라고 말해요. '저는 졸업하면 외교관이 되고 싶어요. 아니면 여행작가가 되고 싶어요.' 이럴 때 '졸업하면 외교관이나 여행작가가 되고 싶어요.'라고 말해요.

사과나 바나나를 먹어요.

설명 이렇게 'N(이)나 N'은 '사과나 바나나, 외교관이나 여행작가'와 같은 명사에 연결되어 두 명사 중에 하나를 선택할 때 사용해요.

저는 경찰**이나** 소방관이 되고 싶어요.

이번 휴가에 부산**이나** 제주도에 갈 거예요.

커피숍에 가서 라떼**나** 카푸치노를 사다 주세요.

N(이)나 N 만드는 법

명사의 어간 마지막 음절에 받침이 없을 때는 'N나', 받침이 있을 때는 'N이나'를 써요.

받침이 없을 때+나 사과+나 바나나→사과나 바나나

받침이 있을 때+이나 펜싱+이나 태권도→펜싱이나 태권도

회화 연습

01 와! 날씬해 보여요.

옷
날씬하다

> 가 이 옷 어때요?
> 나 와! 날씬해 보여요.

이 구두
키가 크다

가 _____?
나 _____.

저 영화
재미있다

가 _____?
나 _____.

압둘라 씨
기분이 좋다

가 _____?
나 _____.

만들어 보세요.
익겔 씨
슬프다
이 책
어렵다
…

가 _____?
나 _____.

피곤하다
어제 잠을 못 자다

가 이준기 씨, 피곤해 보여요.

나 어제 잠을 못 자서 그래요.

기분이 안 좋다
여자 친구와
헤어지다

가 _____ .

나 _____ .

행복하다
프러포즈를 받다

가 _____ .

나 _____ .

춥다
옷을 얇게 입다

가 _____ .

나 _____ .

만들어 보세요.

가방이 무겁다
책이 많다

젊다
날마다 운동하고
즐겁게 생활하다
…

가 _____ .

나 _____ .

02 재미있는 사람과 결혼하면 좋겠어요.

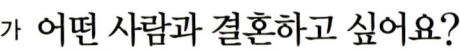

가 어떤 사람과 결혼하고 싶어요?
나 재미있는 사람과 결혼하면 좋겠어요.

어떤 영화
보다/재미있다

가 _____?
나 _____.

어떤 음식
먹다/맵다

가 _____?
나 _____.

어떤 옷
사다/싸고 예쁘다

가 _____?
나 _____.

만들어 보세요.

어떤 음악
듣다/조용하다

어떤 나라
여행하다
조용하고 깨끗하다
…

가 _____?
나 _____.

가 이 음식 맛이 어때요?
나 좀 더 매우면 좋겠어요.

그 영화
무섭다

가 _____?
나 _____.

여자 친구
애교가 많다

가 _____?
나 _____.

이웃
색깔이 밝다

가 _____?
나 _____.

만들어 보세요.

내일 날씨
따뜻하다

이 신발
가볍다
…

가 _____?
나 _____.

03 가수**나** 영화배우가 되고 싶어요.

가 어떤 직업을 갖고 싶어요?

나 가수나 영화배우가 되고 싶어요.

어떤 직업/갖다
가수/영화배우

어떤 음식/먹다 감자탕/닭갈비	가 _____? 나 _____.
어떤 음악/듣다 발라드/팝송	가 _____? 나 _____.
어떤 운동/하다 야구/축구	가 _____? 나 _____.
어떤 영화/보다 멜로/코미디	가 _____? 나 _____.

어디/가다
영국/스페인

가 _____?

나 _____.

어떤 책/읽다
소설/에세이

가 _____?

나 _____.

만들어 보세요.

가 _____?

나 _____.

어떤 외국어
배우다
몽골어/태국어

어디 가다
경주/제주도

무슨 요리/만들다
한국 요리/일본 요리

듣기 연습

CD를 잘 듣고 질문에 답해 보세요.

문제 압둘라 씨가 좋아하는 집의 조건을 골라 O, ×로 대답해 보세요.

〈 보기 〉 압둘라 씨는 이사를 하려고 한다. (O)

1. 압둘라 씨는 최지영 씨와 같은 집에 살고 싶어 한다. (   )

2. 압둘라 씨는 사무실에서 가깝고 싼 집에 살고 싶어 한다. (   )

3. 압둘라 씨는 거실이 좁아도 창문이 큰 집에 살고 싶어 한다. (   )

4. 최지영 씨는 요즘 바빠서 압둘라 씨를 도와줄 수 없다. (   )

이준기와 이야기하기 1

CD를 듣고 이준기와 대화해 보세요.

비비엔   이준기 씨는 몇 살 때 결혼하고 싶어요?

이준기   음, 제가 지금 30살이니까 33살쯤?

            그런데 갑자기 그건 왜 물어보세요?

비비엔   와! 이준기 씨, 30살이에요? 굉장히 젊어 보여요. 20대 초반 같아요.

이준기   정말요? 감사합니다.

비비엔   제가 얼마 전에 책에서 봤는데 한국 사람들은 보통 남자는 32살,

            여자는 29살쯤 결혼을 한다고 해요.

이준기   결혼도 좋지만 하고 싶은 일을 하면서 자유롭게 지내고 싶다고

            생각하는 사람이 많아졌으니까요.

비비엔   그렇군요! 그럼 제가 퀴즈 하나 낼게요.

            제가 본 책에서 결혼을 가장 빨리 하는 나라는 어디라고 나왔을까요?

이준기   음, 중국?

비비엔   아! 아쉽네요. 네팔이에요. 네팔은 남자는 22살, 여자는 19살 때

            보통 결혼한다고 해요.

이준기   19살요? 굉장하네요.

비비엔   저도 빨리 결혼하면

            좋겠어요.

이준기와 이야기하기 2

CD로 들어 보세요
12:04

이준기

여러분 안녕하세요? 오늘은 저의 결혼관에 대해서
말씀드릴게요. 우선 저의 직업을 이해해 주고
자기만의 세계를 가진 사람을 만났으면 좋겠어요.
그리고 제가 영화와 음악을 좋아하니까
저와 취미가 비슷해서 영화도 보고 음악회도 같이
갈 수 있으면 좋겠어요.
저는 예전부터 다정한 부부가 좋아 보였어요.
그래서 주말에는 같이 등산도 다니고 겨울에는 함께
스키도 타러 가고, 어린 시절 꿈꾸던 소꿉놀이 같은
결혼 생활을 하고 싶어요. 그리고 저는 결혼하면
자상한 남편이 되고 싶어요. 그래서 제가 커피도
내려 주고 싶어서 요즘 커피도 공부하고 있어요.
특별한 날이 아니어도 가끔씩 꽃도 사 주고 주말에는
청소도 해 주고 쓰레기도 버려 주는 그런 남편이
될 거예요. 그리고 저녁에는 아내의 이야기도
잘 들어 주고 아이들과도 즐겁게
놀아 주는 그런 아빠가 될 거예요.
여러분은 어떤 배우자가 되고 싶어요?

점점 높아지는 한국의 결혼 연령

한국에서는 결혼을 사람이 해야 할 가장 큰 일이라는 뜻으로 '인륜지대사'라는 표현을 써요. 그만큼 한 사람의 인생에서 중요하다는 뜻이겠지요. 그러다 보니 부모님도 자녀의 결혼에 관심이 굉장히 커서, 결혼 적령기를 넘기고도 늦게까지 결혼하지 않은 아들, 딸이 있는 집에서는 부모님의 한숨 소리가 끊이질 않아요.

이런 부모님의 걱정을 아는지 모르는지 한국인의 결혼 연령은 점점 높아지고 있어요. 예전에는 20대에 결혼하는 사람이 많았는데 요즘은 30대, 40대인데도 아직 싱글인 사람들이 많아요. 그 이유는 공부를 많이 해서 사회 진출을 늦게 하는 사람이 많은 것도 있지만, 좀 더 자유롭게 혼자만의 삶을 즐기고 싶다든지, 결혼 자금이나 출산, 양육비 등 경제적인 문제에 대한 부담 등 다양해요.

결혼할 나이가 지난 미혼들은 명절을 가장 싫어해요. 명절에 친척들이 모이면 제일 먼저 "언제 장가(남자가 결혼하는 것)가냐?" "언제 시집(여자가 결혼하는 것)가냐?"라는 질문이 끊이질 않기 때문이에요. 하지만 그들도 "내 짝은 어디쯤에 있을까?" 누구보다 열심히 찾고 있을 거예요.

나라마다
문화가 다르군요!

11

학습 목표

상황

문화의 차이에 대해
이야기하기

어휘

명절, 명절 음식

문법

N마다
N인데 반해
A-(으)ㄴ데 반해
V-는데 반해
N에 대해(서)

CD로 들어 보세요
00:15

이준기 안녕하세요? 리리 씨, 다음 주에 추석인데 뭐 할 거예요?

리 리 저는 비비엔 씨하고 같이 최지영 씨 집에 가기로 했어요.

이준기 아! 최지영 씨 집은 대가족이니까 한국의 명절을
잘 느낄 수 있겠군요!

리 리 네, 맞아요. 그런데 저는 한국의 명절에 대해 아직 잘 몰라요.

이준기 그래요? 한국에서는 추석과 설날이 가장 큰 명절이에요.
그런데 추석은 한국에서만 큰 명절인데 반해
설날은 중국, 베트남, 일본, 싱가포르 등 명실상부한
동양 문화권의 명절이지요.

리 리 그런데 이준기 씨, 추석에 세배를 해야 하지요?

이준기 아니에요. 세배는 설날에 해요.

리 리 아, 그렇군요! 그럼 추석에는 뭘 먹어요?

이준기 추석에는 가족들이랑 함께 송편을 먹어요.
중국에서는 추석에 뭘 먹어요?

리 리 중국에서는 월병을 먹어요.
그럼 한국에서 설날에는 뭘 먹어요?

이준기 설날에는 떡국을 먹어요.

리 리 아, 그래요? 중국에서는 '니엔까오'라는 떡과
'자오즈'라는 물만두를 먹어요.

이준기 아, 그렇군요! 한국과 중국은 가까운 나라인데
명절에 먹는 음식이 다르군요!

리 리 그럼 추석과 설날에 가족들은 보통 뭐 해요?

이준기 추석에는 보통 다 같이 송편을 빚고 보름달을 보면서
소원을 빌어요. 그리고 설날에는 윷놀이를 해요.

리 리 아, 그렇군요! 나라마다 문화가 다르군요!

CD로 들어 보세요
05:26

01 명절

추석[추석]

구정[구정]

단오[다노]

정월 대보름[정월대보름]

세배[세배]

성묘[성묘]

** 윷놀이[윤노리]

설날[설랄]

신정[신정]

한식[한:식]

제사를 지내다[제사를지내다]

산소[산소]

* 강강술래[강강술래]

강강술래

* 정월 대보름이나 팔월 한가위에 남부 지방에서 하는 민속놀이예요. 여러 사람이 손에 손을 잡고 둥그런 원을 그리며 빙글빙글 돌면서 '강강술래'라고 노래를 불러요. 한국의 중요 무형 문화재 제8호이고, 2009년에는 유네스코 세계 무형 유산으로 지정되기도 했어요.

윷놀이

** 설날이나 온 가족이 모이는 날에 '윷'이라는 4개의 막대기를 던지며 남녀노소 함께 어울려 노는 한국 고유의 놀이예요.

02 명절 음식

* 송편[송편]

월병[월병]

자오즈[자오즈]

** 떡국[떡꾹]

니엔까오[니엔까오]

물만두[물만두]

어휘와 표현

*추석에는 온가족이 둘러앉아 송편이라는 떡을 빚어요. '송편'의 '송'은 소나무를 나타내는데 솔잎을 넣고 쪄내기 때문에 송편이라고 해요. 송편을 함께 빚으면서 이야기도 나누며 추석의 즐거운 시간을 가족과 보냅니다. 또, 송편을 예쁘게 빚으면 예쁜 딸을 낳는다는 말도 있어서 누가 더 예쁘게 빚나 서로 비교해 보는 재미있는 풍습도 있답니다.

**설날에는 떡을 얇고 둥글게 썰어 넣고 끓인 떡국을 먹습니다. 그리고 '떡국을 한 그릇 먹으면 한 살 더 먹는다'는 말을 하기도 하죠. 하지만 떡국은 설날뿐 아니라 평소에 한국 사람들이 즐겨 먹는 음식이기도 합니다.

03 기타

극복하다[극뽀카다]

*대가족[대가족]

동양[동양]

보름달[보름딸]

특색[특쌕]

조건[조껀]

주식[주식]

보일러[보일러]

특이 사항[트기사항]

토론하다[토론하다]

문화적 차이[문화적차이]

정이 많다[정이만타]

명실상부[명실상부]

문화권[문화꿘]

쇼핑몰[쇼핑몰]

관계[관계]

삼면[삼면]

온돌방[온돌빵]

군대[군대]

단독주택[단독주택]

라마단 기간[라마단기간]

완벽하다[완벼카다]

흥미롭다[흥미롭따]   보람[보람]

무뚝뚝하다[무뚝뚜카다]

＊한국은 혈연 관계를 중시하고 가족 중심적인 사회였습니다. 그래서 할아버지, 할머니, 아버지, 어머니, 자녀들, 그리고 결혼하지 않은 형제와 자매들까지 3～4대가 함께 사는 것이 보통이었지요. 그러나 농사를 짓던 생활에서 도시 생활로 중심이 옮겨 오면서 지금은 고향에는 부모님이 살고 도시에는 자녀들이 사는 형태, 즉 대가족이 아닌 핵가족으로 사는 사람들이 더 많아졌습니다. 또, 결혼하기 전에는 부모님과 사는 것이 대부분이었지만, 도시로 가는 자녀들이 늘고 결혼 연령이 높아지는 등의 이유로 혼자 생활을 하는 사람들도 점점 늘어나고 있습니다.

대가족

발 / 음 / 규 / 칙

합성어의 경음화

표기상 사이시옷이 없어도 사이시옷이 있는 것처럼 발음이 잠깐 멈추어지는 합성어의 경우 뒤에 오는 첫소리의 /ㄱ, ㄷ, ㅂ, ㅅ, ㅈ/은 /ㄲ, ㄸ, ㅃ, ㅆ, ㅉ/[ㄲ, ㄸ, ㅃ, ㅆ, ㅉ]로 발음해요.

$$문화권 \Rightarrow [문화꿘]$$
$$문화+ㄱ \Rightarrow 문화+ㄲ$$

강가[강까]   **눈동자**[눈똥자]   **손재주**[손째주]

01 N마다

상황 '중국, 일본, 스페인…… 여러 나라가 있어요. 그런데 모두 문화가 달라요.' 이
럴 때 "나라마다 문화가 달라요."라고 말해요. '비비엔, 압둘라, 스테파니……
사람들이 많이 있어요. 그런데 좋아하는 음식이 모두 달라요.' 이럴 때 "사람
마다 좋아하는 음식이 달라요."라고 말해요.

설명 이렇게 'N마다'는 '나라, 사람'과 같은 명사에 연결되어 그 명사에 속해 있는
개체들 모두가 다른 특성을 가지고 있다는 것을 나타낼 때 사용해요.

사람마다 좋아하는
음식이 달라요.

사람**마다** 취미가 달라요.

쇼핑몰**마다** 가격이 조금씩 달라요.

한국은 도시**마다** 특색이 있어요.

N마다 만드는 법

명사의 마지막 음절에 받침이 없을 때와 있을 때 모두 'N마다'를 써요.

받침이 없을 때+마다 나라+마다→나라마다

받침이 있을 때+마다 시간+마다→시간마다

02 N인데 반해/A-(으)ㄴ데 반해/V-는데 반해

상황 '오늘은 휴일이에요. 하지만 공원에 사람이 별로 없어요.' 이럴 때 "오늘은 휴일인데 반해 공원에 사람이 별로 없어요."라고 말해요. '스테파니는 날씬해요. 하지만 밥을 진짜 많이 먹어요.' 이럴 때 "스테파니는 날씬한데 반해 밥을 진짜 많이 먹어요."라고 말해요. '압둘라는 춤을 잘 춰요. 하지만 노래는 전혀 못해요.' 이럴 때 "압둘라는 춤은 잘 추는데 반해 노래는 전혀 못해요."라고 말해요.

춤은 잘 추는데 반해 노래는 전혀 못해요.

설명 이렇게 'N인데 반해, A-(으)ㄴ데 반해, V-는데 반해'는 '휴일, 날씬하다, 추다'와 같은 명사, 형용사, 동사에 연결되어 선행문의 내용과 후행문이 서로 반대임을 나타내는 말이에요.

지금 한국은 여름인데 반해 호주는 겨울이에요.

리리 씨는 얼굴이 작은데 반해 키가 커요.

저는 닭고기는 좋아하는데 반해 돼지고기는 못 먹어요.

수파킷 씨는 운동은 잘하는데 반해 노래는 잘 못해요.

N인데 반해 만드는 법

명사의 마지막 음절에 받침이 없을 때와 있을 때 모두 'N인데 반해'를 써요.

받침이 없을 때+인데 반해 친구+인데 반해→친구인데 반해

20대+인데 반해→20대인데 반해

받침이 있을 때+인데 반해 명절+인데 반해→명절인데 반해

사람+인데 반해→사람인데 반해

A-(으)ㄴ데 반해 만드는 법

형용사의 어간 마지막 음절에 받침이 없을 때는 'A-ㄴ데 반해', 받침이 있을 때는

'A-은데 반해'를 써요.

받침이 없을 때+ㄴ데 반해 예쁘다+ㄴ데 반해→예쁜데 반해

받침이 있을 때+은데 반해 많다+은데 반해→많은데 반해

받침 ㄹ일 때→ㄹ+ㄴ데 반해 멀다+ㄴ데 반해→먼데 반해

받침 ㅂ일 때→우+ㄴ데 반해 춥다+운(우+ㄴ)데 반해→추운데 반해

V-는데 반해 만드는 법

동사의 어간 마지막 음절에 받침이 없을 때와 있을 때 모두 'V-는데 반해'를 써요.

받침이 없을 때+는데 반해 보다+는데 반해→보는데 반해

받침이 있을 때+는데 반해 먹다+는데 반해→먹는데 반해

받침 ㄹ일 때→ㄹ+는데 반해 만들다+는데 반해→만드는데 반해

활용 연습 다음 빈 칸을 채워 보세요.

기본형	N인데 반해	기본형	N인데 반해
친구		학생	
부자		즐거운 시간	
명절		좋은 관계	
휴일		적극적	

기본형	A-(으)ㄴ데 반해	기본형	A-(으)ㄴ데 반해
완벽하다		흥미롭다	
넓다		방학이 길다	
바쁘다		얼굴이 작다	
맛있다		맛없다	

기본형	V-는데 반해	기본형	V-는데 반해
송편을 먹다		그림을 잘 그리다	
뉴욕에 가다		운동을 못하다	
한국말을 잘하다		춤을 못 추다	
술을 잘 마시다		책을 많이 읽다	

03 N에 대해(서)

상황 '저는 한국은 날씨가 어떤지 궁금해요. 그래서 한국 친구와 한국의 날씨와 관련된 것을 이야기하고 싶어요.' 이럴 때 "한국의 날씨에 대해 이야기하고 싶어요."라고 말해요. '저는 친구들이 국제결혼을 어떻게 생각하는지 궁금해요. 그래서 친구들과 국제결혼과 관련된 것을 토론하고 싶어요.' 이럴 때 "국제결혼에 대해 토론하고 싶어요."라고 말해요.

설명 이렇게 'N에 대해(서)'는 '날씨, 국제결혼'과 같은 명사에 연결되어 그 명사가 가리키는 내용에 관계가 있는 것을 나타낼 때 사용해요.

한국의 날씨에 대해 이야기하고 싶어요.

한국의 군대에 대해서 설명해 주세요.

이번 시험에 대해 말씀드리겠습니다.

결혼의 조건에 대해 토론해 보세요.

N에 대해(서) 만드는 법

명사의 마지막 음절에 받침이 없을 때와 있을 때 모두 'N에 대해(서)'를 써요.

받침이 없을 때+에 대해(서) 역사+에 대해(서)→역사에 대해(서)

받침이 있을 때+에 대해(서) 시험+에 대해(서)→시험에 대해(서)

01 나라마다 문화가 달라요.

가 나라마다 무엇이 달라요?
나 나라마다 문화가 달라요.

나라
문화가 다르다

사람
취미가 다르다

가 _____?
나 _____.

나라
언어가 다르다

가 _____?
나 _____.

가게
가격이 다르다

가 _____?
나 _____.

만들어 보세요.
사람
좋아하는 음식이
다르다

가게
메뉴가 다르다
......

가 _____?
나 _____.

02 한국은 삼면이 바다인데 반해
몽골은 바다가 없어요.

가 한국과 몽골은 뭐가 달라요?
나 한국은 삼면이 바다인데 반해
　몽골은 바다가 없어요.

한국/삼면이 바다
몽골/바다가 없다

한국의 주식/밥
미국의 주식/빵

가 _____?

나 _____

_____.

수파킷 씨
집/아파트
비비엔 씨
집/단독주택

가 _____?

나 _____

_____.

만들어 보세요.

옛날 집
/온돌

요즘 집
/보일러
…

가 _____?

나 _____

_____.

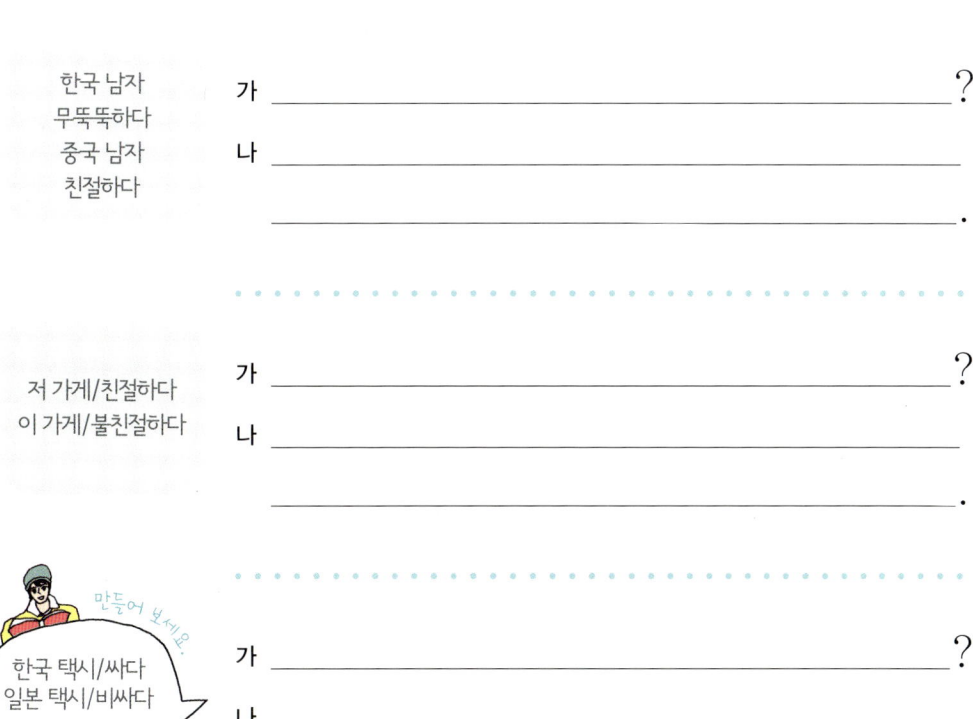

가 한국 음식과 몽골 음식은 무엇이 달라요?

나 한국 음식은 매운데 반해
　몽골 음식은 싱거워요.

한국 음식/맵다
몽골 음식/싱겁다

한국 남자
무뚝뚝하다
중국 남자
친절하다

가 _____?

나 _____

　_____.

저 가게/친절하다
이 가게/불친절하다

가 _____?

나 _____

　_____.

만들어 보세요.

한국 택시/싸다
일본 택시/비싸다

한국/산이 많다
일본/섬이 많다
…

가 _____?

나 _____

　_____.

회화 연습

가 와! 스테파니 씨,

　운동을 잘하는군요! 춤도 잘 춰요?

나 아니에요. 운동은 잘하는데 반해 춤은 못춰요.

운동을 잘하다
춤을 못 추다

영어를 잘하다
중국어를 못하다

가 _____?

나 _____

_____.

요리를 잘하다
정리를 못하다

가 _____?

나 _____

_____.

만들어 보세요.

소주를 잘 마시다
맥주를 못 마시다

딸이 예쁘다
아들이 못생기다
…

가 _____?

나 _____

_____.

03 한국 사람에 대해 어떻게 생각하세요?

가 한국 사람에 대해 어떻게 생각하세요?

나 친절하고 재미있다고 생각해요.

한국 사람
친절하고 재미있다

한국 음식
맵지만 맛있다

가 _____?

나 _____.

한국 남자
무뚝뚝하지만
정이 많다

가 _____?

나 _____.

유학 생활
힘들지만
보람이 있다

가 _____?

나 _____.

만들어 보세요.

저 가수
노래는 잘하지만
춤은 못 춘다

저 영화 재미있지만
너무 폭력적이다

……

가 _____?

나 _____.

듣기 연습

문제 다음 질문에 대답해 보세요.

1. 여행을 좋아하는 사람은 누구예요?

_____

2. 술을 못 마시는 사람은 누구예요?

_____

3. 말을 잘 타는 사람은 누구예요?

_____

4. 그림을 잘 그리는 사람은 누구예요?

_____

이준기와 이야기하기

CD를 듣고 이준기와 대화해 보세요.

CD로 들어 보세요
08:58

이준기   비비엔 씨, 한국 음식 중에서
무슨 음식을 제일 좋아하세요?

비비엔   저는 삼겹살을 아주 좋아해요.

이준기   어! 저도 삼겹살을 좋아하는데 오늘 저녁에
압둘라 씨와 함께 삼겹살을 먹으러 갈까요?

비비엔   압둘라 씨는 이집트 사람인데 돼지고기를 먹어도 될까요?

이준기   아! 참, 그렇겠군요!

비비엔   그리고 라마단 기간에는 해가 떠 있는 시간에
아무것도 먹으면 안 된다고 해요.

이준기   와! 압둘라 씨는 먹는 것을 진짜 좋아하는데 어떡해요?

이준기와 이야기하기

CD를 듣고 이준기와 대화해 보세요.

비비엔　하하하, 그리고 인도에서는 소고기를 먹으면 안 된다고 해요.

이준기　그래요? 저는 돼지고기하고 소고기를 좋아하지만

　　　　우리가 다 같이 모였을 때는 닭고기를 먹어야 하겠군요!

비비엔　하하하, 그거 좋은 생각이에요.

이준기　리리 씨하고 수파킷 씨에게 들었는데 중국과 태국에서는

　　　　점심을 먹고 나서 낮잠을 자는 시간도 있다고 해요.

비비엔　와! 부러워요. 저 낮잠 자는 거 아주 좋아하는데……

　　　　한국에 처음 왔을 때 온돌방에서 낮잠을 자 봤는데

　　　　굉장히 따뜻해서 아주 좋았어요.

이준기　독일에는 온돌이 없어요?

비비엔　네, 없어요. 한국에 와서 처음 봤어요.

이준기　나라마다 문화가 정말 다르군요!

한국의 명절, 추석과 설날

　한국에서 가장 큰 명절은 추석과 설날이에요. 추석은 음력 8월 15일로 조상들의 묘를 찾아가서 성묘를 해요. 온갖 곡식이 무르익는 가을에 한 해 동안 땀 흘려 지은 햅쌀로 송편을 빚고 햇과일을 수확해요.

　설날은 새로운 해가 시작되는 1월 1일(보통 음력 1월 1일)인데요. 이날은 설빔(설에 새로 장만한 옷)이나 때때옷(어린이들의 설빔)을 입고 부모님이나 집안 어른들을 찾아뵙고 세배를 드린답니다. 자녀들이나 아랫사람들은 절을 하면서 "새해 복 많이 받으세요." "올해도 더욱 건강하세요."라는 이야기를 하고, 어른들은 "올해 운수대통 하거라." "올해 하는 일 더욱 잘 되거라." 하는 등의 덕담을 해 주세요. 그리고 추석에는 온 가족이 송편을 먹으며 이야기꽃을 피우고, 설날 아침에는 떡국을 먹으며 가족들이 올 한 해도 무사히 잘 지내기를 바라지요.

　그래서 추석에는 "송편 먹었어요?" 설날에는 '새해 복 많이 받으세요.' 대신에 "떡국 드셨어요?"라는 인사를 하기도 해요.

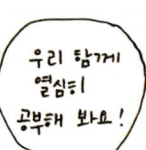

취업 준비를 하느라고 힘들어요

12

학습 목표

상황

(취업/진학)인터뷰하기

어휘

취업, 면접

문법

V-느라(고)
얼마나/어찌나 V-는지 모르다
얼마나 A-(으)ㄴ지 모르다
V-아/어 버리다

CD로 들기 보세요
00:15

익 겔	선배님 안녕하세요? 저 익겔이에요. 잘 지내셨어요?
보리스	그래, 잘 지내고 있지. 너는 잘 지내고 있어?
익 겔	제가 지금 4학년이라서 취업 준비를 하느라고 힘들어요.
보리스	벌써 4학년이구나! 어떤 회사에 취직하려고 해?
익 겔	사실은 선배님이 다니는 회사에 서류를 넣었거든요.
	다음 주 화요일에 면접인데 선배님은 면접 때 어땠어요?
보리스	말도 마. 그날 얼마나 떨었는지 몰라.
	면접관이 우리 회사를 지원한 동기가 뭐냐고 물어보셨는데
	다짜고짜 여행을 좋아한다고 해 버렸어.

익 겔	하하하, 정말요?
보리스	우리 회사가 여행사니까 여행을 좋아해서
	지원했다고 했어야 했는데 완전히 횡설수설했지 뭐야.
	그런데 면접관들이 웃으면서 긴장을 풀라고 해 주셔서
	나중에는 잘 대답해서 붙었어.
익 겔	아, 그렇구나! 그런데 선배님은 어떤 질문을 받았어요?
보리스	음! 직업을 선택할 때 가장 중요한 것이 무엇인지,
	또 우리 회사는 해외 출장이 많은데 어떻게 생각하냐는
	질문을 받았어.
익 겔	아!
보리스	그리고 입사 동기한테 들었는데 만약에 무인도에 간다면
	무엇을 가지고 가고 싶은지 세 가지만 말해 보라고 했대.
익 겔	아! 진짜 그런 질문도 해요?
보리스	요즘은 정말 다양한 질문들을 해.
	그래도 너무 걱정하지 마. 넌 잘할 거야.
익 겔	아무튼 바쁜데 여러 가지로
	고마워요 선배님.
보리스	그래. 면접 끝나고 연락해.

01 명사 취업

취업 준비[취업준:비]   직업[지접]

면접[면접]   직업관[면접꽌]

동기[동기]   질문[질문]

출장[출짱]   국내[궁내]

해외[해외]   출근[출근]

퇴근[퇴근]   이력서[이력써]

자기소개서[자기소개서]   입사 지원서[입싸지원서]

신입 사원[시닙싸원]   여행사[여행사]

경쟁률[경쟁뉼]

02 동사 취업

취직하다[취지카다]   서류를 넣다[서류를너:타]

지원하다[지원하다]   합격하다[합껴카다]

붙다[붇따]   긴장을 풀다[긴장을풀다]

선택하다[선태카다]   다양하다[다양하다]

떨리다[떨리다]   연락하다[열라카다]

경험을 쌓다[경허믈싸타]   미역국을 먹다[미역꾸글먹따]

어휘와 표현

모집하다[모지파다] 떨어지다[떠러지다]

불합격하다[불합껴카다] 꿈을 이루다[꾸믈이루다]

03 동사

독감에 걸리다[독까메걸리다] 장학금을 타다[장학끄믈타다]

상을 받다[상을받따] 수상하다[수상하다]

넘치다[넘치다] 데뷔하다[데뷔하다]

응원하다[응원하다] 호흡하다[호흐파다]

퍼다[퍼다] 횡설수설하다[횡설수설하다]

04 기타

선배님[선배님] 입사 동기[입싸동기]

말도 마[말도마] 다짜고짜[다짜고짜]

무인도[무인도] 만약[마냑]

신년회[신년회] 송년회[송ː년회/송ː년훼]

연예 뉴스[여녜뉴스] 리포터[리포터]

＊부산국제영화제[부산국쩨영화제]

소감[소감]   개[개]

늑대[늑때]   팬[팬]

작품[작품]   연기[연기]

비결[비결]   목표[목표]

연기파 배우[연기파배우]   나이[나이]

30대/40대[삼십때/사십때]   한결같이[한결가치]

곁[겯]   진심[진심]

중요하다[중요하다]   진정하다[진정하다]

＊1996년에 시작된 국제영화제로 아시아 영화의 발전에 기여하고 한국 영화의 위상을 높이고자 만들어졌다고 하는데요. 이제는 명실상부한 아시아 최고의 영화 견본 시장이라는 평가를 받고 있습니다. 한국인들은 친구들을 만나거나 데이트를 할 때 영화를 보는 것이 일상화되어 있을 정도로 영화를 좋아해요. 그래서인지 부산국제영화제의 티켓은 늘 예매하기가 힘들다고 합니다. 영화도 감상하고 레드 카펫을 밟는 배우들도 만나고 항구도시 부산을 여행할 수도 있는 매력적인 영화제로 그 인기가 더욱 높아지고 있습니다.

발 / 음 / 규 / 칙

'ㄱ'의 발음 음의 동화(비음화)

받침 /ㄱ, ㄷ, ㅂ/[윽, 은, 읍]은 뒤에 오는 음절의 첫소리에 /ㄴ, ㅇ/이 오면 각각 /ㅇ, ㄴ, ㅁ/[응, 은, 음]으로 발음해요.

4학년 ⇒ [사항년]

ㄱ(ㄲ, ㅋ, ㄳ, ㄺ) + ㄴ ⇒ ㅇ + ㄴ

깎는[깡는]   **몫만**[몽만]   **읽는**[잉는]

01   V-느라(고)

상황 '저는 어제 잠을 못 잤어요. 왜냐하면 숙제가 너무 많아서 시간이 걸렸기 때문이에요.' 이럴 때 "저는 어제 숙제하느라고 잠을 못 잤어요."라고 해요. '저는 요즘 너무 바빠요. 왜냐하면 취업 준비하는데 시간이 많이 걸리기 때문이에요.' 이럴 때 "저는 요즘 취업 준비하느라고 바빠요."라고 해요.

설명 이렇게 'V-느라고'는 '숙제하다, 준비하다'와 같은 동사에 연결되어 그 동사를 하는 데 시간이 걸려서 뒤에 오는 결과가 생기는 것을 나타내는 말이에요.

어제 숙제하느라고 잠을 못 잤어요.

어제 **청소하느라고** 드라마를 못 봤어요.

내일 **이사하느라고** 바빠서 시간이 없을 거예요.

피아노를 **치느라** 수고하셨어요.

V-느라(고) 만드는 법

동사의 어간 마지막 음절에 받침이 없을 때와 있을 때 모두 'V-느라고'를 써요.

받침이 없을 때+느라고 보다+느라고 → 보느라고

받침이 있을 때+느라고 먹다+느라고 → 먹느라고

받침 ㄹ일 때-ㄹ+느라고 만들다+느라고 → 만드느라고

활용 연습 다음 빈 칸을 채워 보세요.

기본형	V-느라고	기본형	V-느라고
드라마를 보다		책을 읽다	
여행을 가다		밥을 먹다	
요리하다		친구를 돕다	
청소하다		돈을 벌다	
태권도를 배우다		김치를 만들다	

---

02 얼마나/어찌나 V-는지 모르다, 얼마나 A-(으)ㄴ지 모르다

상황 '보리스 씨는 삼겹살을 좋아해요. 그래서 너무 많이 먹어요.' 이럴 때 "보리스 씨가 삼겹살을 얼마나 많이 먹는지 모르겠어요."라고 해요. '지금 저는 이집트에 있어요. 너무너무 더워요.' 이럴 때 "이집트가 얼마나 더운지 몰라요."라고 해요.

삼겹살을 얼마나 많이 먹는지 모르겠어요.

설명 이렇게 '얼마나 V-는지 모르다, 얼마나 A-(으)ㄴ지 모르다' 는 '먹다, 덥다'와 같은 동사와 형용사에 연결되어 '너무 A/V-아/어요'의 뜻을 나타내는 말이에요.

요즘 얼마나 많이 먹는지 몰라요.

얼마나 피곤한지 모르겠어요.

장학금을 타려고 얼마나 열심히 공부했는지 모르겠어요.

어제 촬영하느라고 얼마나 힘들었는지 몰라요.

V-는지 만드는 법

동사의 어간 마지막 음절에 받침이 없을 때와 있을 때 모두 'V-는지'를 써요.

받침이 없을 때+는지 자다+는지→자는지

받침이 있을 때+는지 읽다+는지→읽는지

받침 ㄹ일 때→ㄹ+는지 팔다+는지→파는지

A-(으)ㄴ지 만드는 법

형용사의 어간 마지막 음절에 받침이 없을 때는 'A-ㄴ지', 있을 때는 'A-(으)ㄴ지'를 써요.

받침이 없을 때+ㄴ지 바쁘다+ㄴ지→바쁜지

받침이 있을 때+은지 많다+은지→많은지

받침 ㄹ일 때→ㄹ+ㄴ지 멀다+ㄴ지→먼지

받침 ㅂ일 때→우+ㄴ지 맵다+운(우+ㄴ)지→매운지

A/V-았/었는지 만드는 법

동사와 형용사의 어간 마지막 음절에 ㅏ, ㅗ가 없을 때는 'A/V-었는지', ㅏ, ㅗ가 있을 때는 'A/V-았는지'를 써요.

ㅏ, ㅗ가 없을 때+었는지 먹다+었는지 → 먹었는지

ㅏ, ㅗ가 있을 때+았는지 많다+았는지 → 많았는지

받침이 ㄷ일 때→ㄹ+었는지 걷다+ㄹ었는지 → 걸었는지

받침이 ㅂ일 때→우+었는지 춥다+웠(우+었)는지 → 추웠는지

활용 연습 다음 빈 칸을 채워 보세요.

기본형	얼마나 V-는지 모르다	얼마나 V-았/었는지 모르다
보다		
먹다		
읽다		
걷다		

기본형	얼마나 A-(으)ㄴ지 모르다	얼마나 A-았/었는지 모르다
피곤하다		
바쁘다		
덥다		
맵다		

03　V-아/어 버리다

상황　'식탁 위에 호떡이 있어요. 친구가 오면 같이 먹으려고 했어요. 그런데 너무 먹고 싶어서 먹을까 말까 고민하다가 다 먹었어요.' 이럴 때 "호떡을 먹어 버렸어요."라고 해요. '내일 시험이에요. 그래서 오늘 공부해야 해요. 그런데 너무 졸려서 잘까 말까 고민하다가 그냥 잤어요.' 이럴 때 "어젯밤에 그냥 자 버렸어요."라고 해요.

설명　이렇게 'V-아/어 버리다'는 '먹다, 자다'와 같은 동사에 연결되어 그 동사를 할까 말까 고민하다가 완전히 혹은 이미 끝내서 후련하거나 아쉬움이 남아 있는 것을 나타내는 말이에요.

호떡을
다 먹어 버렸어요.

케이크를 다 먹어 버렸어요.

컵을 떨어뜨려 버렸어요.

숙제를 놓고 와 버렸어요.

비싼 가방을 사 버렸어요.

V-아/어 버리다 만드는 법

동사의 어간 마지막 음절에 ㅏ, ㅗ가 없을 때는 'V-어 버리다', ㅏ, ㅗ가 있을 때는
'V-아 버리다'를 써요.

ㅏ, ㅗ가 없을 때+어 버리다 먹다+어 버리다→먹어 버리다

ㅏ, ㅗ가 있을 때+아 버리다 보다+아 버리다→봐 버리다

받침이 ㄷ일 때→ㄹ+어 버리다 듣다+ㄹ어 버리다→들어 버리다

받침이 ㅂ일 때→우+어 버리다 줍다+워(우+어) 버리다→주워 버리다

활용 연습 다음 빈 칸을 채워 보세요.

기본형	V-아/어 버리다	기본형	V-아/어 버리다
몽골에 가다		보다	
술을 마시다		자다	
떡볶이를 먹다		독감에 걸리다	
말하다		피자를 만들다	
청소하다		돈을 줍다	
나이를 잊다		매력에 빠지다	
휴대폰을 바꾸다		고백하다	
길을 잃다		끝나다	

01 영화를 보느라고 못 받았어요.

가 왜 전화를 안 받았어요?
나 미안해요. 영화를 보느라고 못 받았어요.

전화를 안 받다/못 받다
영화를 보다

신년회에
안 오다/못 가다
시험공부하다

가 _____?
나 _____.

출근 시간에 늦다
버스를 기다리다

가 _____?
나 _____.

숙제
안 하다/못 하다
주말에 친구를 만나다

가 _____?
나 _____.

만들어 보세요.
시험공부
안 하다/못 하다
아르바이트를 하다
…

가 _____?
나 _____.

02 요즘 촬영하느라고 얼마나 힘든지 몰라요.

가 피곤해 보여요. 무슨 일 있어요?

나 요즘 촬영하느라고 얼마나
   힘든지 몰라요.

피곤해 보이다
요즘 촬영하느라고 힘들다

만나기 힘들다
결혼 준비하느라고
바쁘다

가 _____?

나 _____.

바빠 보이다
회의 준비하느라고
힘들다

가 _____?

나 _____.

피곤하다
시험공부하느라고
피곤하다

가 _____?

나 _____.

만들어 보세요.

행복하다
남자친구와
데이트하느라고
바쁘다
…

가 _____?

나 _____.

회화 연습

03 비비엔 씨가 다 먹어 버렸어요.

가 어? 피자가 어디에 갔지요?

나 비비엔 씨가 다 먹어 버렸어요.

피자
비비엔 씨가 다 먹다

| 맥주 보리스 씨가 마시다 | 가 _____? |
| | 나 _____. |

| 남은 돈 리리 씨에게 주다 | 가 _____? |
| | 나 _____. |

| 남은 음식 요나단 씨하고 수파킷 씨가 먹다 | 가 _____? |
| | 나 _____. |

| 빈 박스 스테파니 씨가 치우다 | 가 _____? |
| | 나 _____. |

책
앙리 씨가
가져가다

가 _____ ?

나 _____ .

꽃병
익겔 씨가
깨다

가 _____ ?

나 _____ .

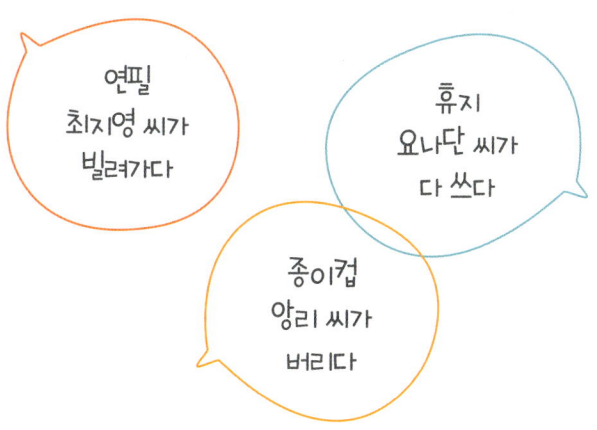

가 _____ ?

나 _____ .

만들어 보세요.

연필
최지영 씨가
빌려가다

휴지
요나단 씨가
다 쓰다

종이컵
앙리 씨가
버리다

듣기 연습

문제 1 이 사람은 어떤 회사에 취직하려고 해요?

문제 2 그 꿈을 이루기 위해서 어떤 준비를 했어요?

문제 3 이 사람은 지금 무엇을 걱정해요?

이준기와 이야기하기

CD를 듣고 이준기와 대화해 보세요.

리포터   오늘은 부산국제영화제에서 올해의 스타상을 받으신
이준기 씨를 만나 보겠습니다. 안녕하세요? 이준기 씨,
연예 뉴스 리포터 최지훈입니다.

이준기   안녕하세요? 반갑습니다.

리포터   이번 부산국제영화제에서 올 한 해 동안 가장 인기가 많은
배우에게 주는 올해의 스타상을 수상하신 소감이 어떠세요?

이준기   부족한 점이 많은 저에게 넘치는 사랑을 주셔서 감사드립니다.

리포터   이준기 씨가 데뷔한 지 얼마나 되셨지요?

이준기   데뷔한 것은 2003년인데 2005년 영화 〈왕의 남자〉와
2007년 드라마 〈개와 늑대의 시간〉에서 팬들의 큰 사랑을
받기 시작했어요.

이준기와 이야기하기

CD를 듣고 이준기와 대화해 보세요.

리포터 이준기 씨, 작품마다 새로운 연기를 보여 주시는데
비결이 뭐예요?

이준기 부족한 점이 많습니다. 촬영이 없을 때는 영화도 보고
책도 읽으면서 연기 공부를 하고 있습니다.

리포터 영화배우로서 앞으로의 목표가 있다면 한 말씀 해 주세요.

이준기 진정한 연기파 배우로 30대, 40대…… 70대가 되어도 팬들과 함께
호흡하는 영화배우로 남고 싶습니다.

리포터 마지막으로 팬들에게도 한 말씀 해 주세요.

이준기 한결같이 곁에서 응원해 주시는 팬 여러분께 진심으로
감사드립니다. 앞으로도 더 좋은 작품으로 찾아뵙겠습니다.
사랑합니다.

읽어 보기

입사 지원서 쓰기

1. 성격 및 성장 과정

저희 집은 경제적으로 특별히 부유하지는 않지만 화목한 가정입니다. 저희 부모님은 두 분 다 부지런하고 성실하신 분입니다. 저는 부모님이 참으로 자랑스럽습니다. 그런 부모님을 보고 자란 만큼 저와 제 동생도 부모님처럼 정직하고, 성실하고 부지런히 살아야 한다고 늘 생각하게 되었습니다. 그래서 무슨 일이든 작은 일에도 만족하며 열심히 하려고 항상 노력합니다. 또, 가족끼리 대화를 많이 하는 편이기 때문에 정서적으로 안정되어 있고, 다른 사람들과 소통하고 의견을 조율하는 일도 잘하는 편이라고 생각합니다.

2. 지원 동기

저는 어렸을 때부터 차를 매우 좋아했습니다. 차를 타는 것을 좋아하는 건 물론이고, 그저 보고만 있어도 행복할 정도였습니다. 그래서 어릴 때는 하루 종일 차를 운전할 수 있는 택시나 버스 기사가 되고 싶다는 꿈을 갖고 있었습니다. 이런 꿈이 일시적인 것이 아니었기 때문에 다양한 자동차 관련 서적을 통해 꾸준히 차에 대한 지식도 얻었고, 결국에는 대학에서 자동차학을 공부하게 되었습니다. 이제는 한국자동차에 입사하여 전공을 살리고 또 오랫동안 꿈 꾸어 온 차와 함께하는 삶을 살고 싶습니다.

3. 희망 업무 및 포부

'일을 좋아하는 사람은 일을 열심히 하는 사람을 이길 수 없고, 일을 열심히 하는 사람은 일을 즐기는 사람을 이길 수 없으며, 일을 즐기는 사람은 일에

읽어 보기

미쳐 있는 사람을 이길 수 없다'는 말이 있는 것처럼 차를 진심으로 좋아하여 거기에 미쳐 있는 것이 저의 가장 큰 강점이라고 생각합니다. 차를 사랑하는 그 마음으로 성능이 좋으면서도 안전한 차, 그리고 외관도 멋진 차를 만드는 데에 기여하고, 한국뿐 아니라 전 세계인들에게 사랑받는 차를 만드는 데 기여하고 싶습니다. 저에게 꼭 한국자동차에서 일할 기회를 주십시오.

읽어 보기 단어

부유하다[부유하다]

만족하다[만조카다]

소통하다[소통하다]

일시적[일씨적]

서적[서적]

결국[결국]

삶을 살다[살믈살다]

. . . .

업무[엄무]

미치다[미치다]

성능[성능]

기여하다[기여하다]

의견을 조율하다[의겨늘조율하다]

전공을 살리다[전공을살리다]

화목하다[화모카다]

정서적[정서적]

지원[지원]

관련[괄련]

꾸준히[꾸준히]

자동차학[자동차학]

희망[히망]

. . . .

포부[포부]

강점[강쩜]

외관[외관]

이준기와 함께하는
안녕하세요 한국어

듣기 지문

문법·회화 연습 답안

색인

듣기 지문

01 p. 34

압둘라: 리리 씨, 남자 친구 있어요?

리　리: 아니요, 아직 없어요.

압둘라: 리리 씨는 어떤 사람을 좋아하세요?

리　리: 제가 조용한 편이라서 남자 친구는 좀 적극적이고 활발한 사람이면 좋겠어요.

압둘라: 그래요! 그럼 어떤 사람을 싫어하세요?

리　리: 저는 점잖은 척하는 사람을 싫어해요.

압둘라: 하하하, 그렇군요!

리　리: 그런데 압둘라 씨는 여자 친구 있어요?

압둘라: 아니요, 아직 없어요.

리　리: 그래요? 압둘라 씨는 낭만적이고 원만한 성격이라서 여자들한테 인기가 많을 것 같은데…….

압둘라: 리리 씨, 좋은 사람 있으면 소개해 주세요.

리　리: 압둘라 씨는 어떤 사람을 좋아하세요?

압둘라: 저는 긍정적이고 명랑한 사람을 좋아해요.

리　리: 그래요? 그럼 어떤 사람을 싫어하세요?

압둘라: 저는 특별히 싫어하는 사람은 없어요.

〈정답〉

압둘라: 긍정적이고 명랑한 사람/특별히 싫어하는 사람은 없어요.

리　리: 적극적이고 활발한 사람/점잖은 척하는 사람

02 p. 54

최지영: 수파킷 씨, 내일 주말인데 뭐 해요?

수파킷: 내일 방콕에서 친구가 와서 같이 서울 구경을 하기로 했어요.

최지영: 아! 그래요? 어디에 갈 거예요?

수파킷: 오전에 경복궁을 보고 나서 인사동에 가려고 해요. 그 친구는 한국에 처음 오는데 무엇을 먹으면 좋을까요?

최지영: 그럼 비빔밥을 먹으면 어때요?

수파킷: 앗! 그 친구는 매운 음식을 못 먹어요.

최지영: 그럼 쌈지길 뒤에 불고기를 잘 하는 집이 있는데 불고기는 어때요?

수파킷: 그거 좋은 생각이군요!

최지영: 그리고 인사동에서 파는 호떡을 먹고 나서 한국 전통차를 마시는 것도 좋아요.

수파킷: 와! 좋은 정보 고마워요.

최지영: 뭘요! 오후에는 뭐 할 거예요?

수파킷: 점심을 먹고 나서 명동에서 점프 공연을 보기로 했어요.

최지영: 재미있겠네요. 그럼, 즐거운 주말 보내세요.

수파킷: 고마워요. 최지영 씨도요.

〈정답〉

문제1〉 경복궁과 인사동에 가요.

　　　　명동에서 점프 공연을 봐요.

문제2〉 불고기를 먹고, 호떡을 먹고, 전통차를 마셔요.

03 p. 72

1. 앙리: 비빔밥이 어떨까요?

　리리: 글쎄요? 아마 매울 거예요.

2. 앙리: 번지점프가 어떨까요?

　리리: 글쎄요? 아마 무서울 거예요.

3. 앙리: 막걸리가 어떨까요?

　리리: 글쎄요? 아마 맛없을 거예요.

4. 앙리: 시험이 어떨까요?

　리리: 글쎄요? 아마 어려울 거예요.

5. 앙리: 이 영화가 어떨까요?

　리리: 글쎄요? 아마 슬플 거예요.

〈정답〉

1. 아마 매울 거예요.

2. 아마 무서울 거예요.

3. 아마 맛없을 거예요.

4. 아마 어려울 거예요.

5. 아마 슬플 거예요.

04　p. 94

DK신문사의 덜렁이 기자 리리 씨가
오늘은 아주 분주하군요!
12시부터 이준기 씨 팬사인회에 가서 취재해야
하는데 11시가 넘어서 일어났거든요.
오늘 새벽까지 비비엔 씨하고 술을 마시면서
수다를 떨었기 때문이지요.
아이고! 저런, 세수하고 이를 닦다가
치약을 먹을 뻔했군요!
너무 정신이 없어서 잠을 깨려고 급히 커피를
마시다가 혀를 델 뻔도 했어요. 그리고 버스
정류장으로 뛰어가다가 넘어질 뻔했어요.
리리 씨가 사인회장에 도착한 시간은 12시 1분 전,
"어휴! 정말 큰일 날 뻔했다!" 하고 말하던 리리 씨는
의자에 앉다가 넘어져서 다칠 뻔했네요!
신문사로 돌아와서 커피를 들고 신문을 읽으면서
걸어갔어요. 그러다가 지나가는 사람과 부딪혀서
커피를 쏟을 뻔했어요.
이렇게 바쁜 하루를 보내고 집으로 돌아가는 길에
버스에서 졸다가 못 내릴 뻔했어요.
휴! 저는 오늘처럼 정신없는 리리 씨를 본 적이 없어요.
리리 씨가 다치지 않은 게 정말 다행이에요.

〈정답〉

① (×) ② (×) ③ (×) ④ (×) ⑤ (○)

05　p. 114

요나단: 리리 씨, 집 정리는 다 했어요?

리　리: 네, 요나단 씨가 도와 주셔서 잘 끝났어요.
　　　　정말 고마워요.

요나단: 고맙기는요. 우리는 친구 사이인데 당연하죠.

리　리: 요나단 씨, 오늘 시간이 있어요?
　　　　제가 한턱낼게요.

요나단: 좋아요. 어디로 갈까요?

리　리: 요나단 씨, 불고기 좋아하세요? 인사동에
　　　　있는 한국 식당이 싸고 맛있거든요.

요나단: 네, 거기로 갑시다.

＊ ＊ ＊ ＊ ＊

리　리: 어때요? 음식이 입에 맞아요?

요나단: 네, 정말 맛있군요! 리리 씨가 밥을 샀으니까
　　　　차는 제가 살게요.

리　리: 좋아요. 그럼 저기 있는 전통찻집에 갑시다.

＊ ＊ ＊ ＊ ＊

요나단: 저는 녹차를 마실게요.

리　리: 저는 인삼차를 마실게요. 여기요,
　　　　녹차 한 잔하고 인삼차 한 잔 주세요.

아가씨: 네, 알겠습니다.

〈정답〉

문제1〉 리리 씨

문제2〉 요나단 씨가 집 정리를 도와줘서

문제3〉 인사동에 있는 한국 식당에서 불고기를 먹었어요.

06　p. 134

앙　리: 하즈키, 말하기 대회 잘했니?

하즈키: 아니 잘 못했어. 너는?

양 리: 나도 잘 못했어. 외우는 것이 너무 어려워서
　　　많이 틀렸지?

하즈키: 그래, 나는 발표할 때 너무 떨렸어.

양 리: 그럼 다른 것은 다 잘했어?

하즈키: 글쎄, 그런 것 같아.

양 리: 야, 정말 잘했다! 다음 주에 결과 발표니까
　　　네가 일등하면 한턱내.

하즈키: 알았어. 한턱낼 테니까 다음에 한잔하자.

〈정답〉

문제1〉 ②

문제2〉 ③

문제3〉 양 리: 외우는 것이 너무 어려웠어요.
　　　　하즈키: 너무 떨렸어요.

07　　p. 158

하즈키: 요나단 씨, 오랜만이에요.

요나단: 하즈키 씨, 안녕하세요? 요즘 어떻게
　　　　지냈어요? 한국 생활은 재미있어요?

하즈키: 네, 처음에는 음식이 너무 매워서 고생했는데
　　　　이제 많이 익숙해졌어요.

요나단: 맞아요, 하즈키 씨 처음 한국에 왔을 때
　　　　먹을 수 있는 음식이 별로 없었지요.

하즈키: 네, 하지만 요즘은 닭갈비, 감자탕 등 다
　　　　잘 먹어요. 요나단 씨는 요즘 어떻게 지내요?

요나단: 저도 생활하는 것은 익숙해졌는데 아직
　　　　한국말이 서툴러서 하고 싶은 말을 잘
　　　　못할 때 좀 창피해요.

하즈키: 맞아요, 저도 그래요. 지난번에 최지영 씨 집에
　　　　갔을 때 지영 씨 어머니께서 무슨 과일을
　　　　좋아하냐고 하셨어요. 그래서 딸기가
　　　　좋아한다고 했는데 지영 씨 가족들이
　　　　크게 웃었어요.

요나단: 하하하, 우리 더 열심히 한국어 공부합시다.

하즈키: 네, 좋아요. 아자아자!

〈정답〉

① (×) ② (×) ③ (×)

08　　p. 176

보리스: 비비엔 씨, 안색이 안 좋아 보여요.
　　　　무슨 일 있어요?

비비엔: 아무 일도 아니에요……

보리스: 왜요? 말해 보세요.

비비엔: 부모님께서 빨리 결혼하라고 하는데
　　　　어떻게 하지요?

보리스: 비비엔 씨 남자 친구도 있는데
　　　　결혼하면 되잖아요.

비비엔: 우리는 아직 나이도 어리고 공부도 더 하고
　　　　싶고 아직은 결혼하고 싶지 않거든요.

보리스: 하긴 그렇겠네요. 저도 스무 살 때는
　　　　결혼하고 싶지 않았어요.

비비엔: 그렇지요? 여행도 많이 하고 싶고 제 꿈도
　　　　펼치고 싶어요.

보리스: 그런데 비비엔 씨 부모님은 왜 빨리
　　　　결혼하라고 하세요?

비비엔: 부모님께서는 제가 한국에 와서 혼자 사니까
　　　　생활도 불규칙하고 외롭고 위험할 거라고
　　　　생각하세요.

보리스: 그럼 부모님께 진지하게 비비엔 씨의
　　　　계획을 이야기해 보세요. 그러면 부모님도
　　　　안심하실 거예요.

비비엔: 보리스 씨도 안색이 안 좋아 보이는데
　　　　무슨 고민이 있어요?

보리스: 사실은 마음에 드는 사람이 생겼는데
　　　　그 사람도 저를 좋아할지 모르겠어요.

비비엔: 에잇, 보리스 씨 소심하군요! 용기를 내서
　　　　고백해 보세요. 보리스 씨의 진심을 알면

그 사람도 좋아할 거예요.

보리스: 정말 그럴까요?

비비엔: 물론이지요. 보리스 씨가 얼마나 매력적인데요.

〈정답〉

① (×) ② (○) ③ (○)

09   p. 194

미용사: 어서 오세요. 손님, 어떻게 해 드릴까요?

손 님: 요즘 유행하는 헤어스타일이 뭐예요?

미용사: 요즘은 숏커트가 유행이에요.

손 님: 아! 그래요? 저는 너무 짧은 머리는 싫은
데…….

미용사: 그럼 이런 단발머리는 어때요?
이 스타일도 인기가 많아요.

손 님: 그래요? 긴 머리가 좀 아까운데
어떡하지…….

미용사: 아니면 손님은 머릿결이 좋으니까
지금 그대로 굵게 파마만 하셔도
좋을 것 같아요.

손 님: 좋아요. 그럼 그냥 파마만 해 주세요.

미용사: 네, 그런데 드라이기로 파마 머리를
예쁘게 말리는 법을 아세요?

손 님: 아니요. 저 드라이 할 줄 몰라요.

미용사: 그럼 그냥 손가락으로 이렇게 돌리면서
말리면 돼요.

손 님: 네, 알겠어요. 예쁘게 해 주세요.

〈정답〉

문제〉 ② 긴 머리 굵은 파마

10   p. 218

최지영: 압둘라 씨, 피곤해 보이는데
요즘 무슨 일이 있어요?

압둘라: 이사를 가려고 하는데 어떻게 할까
고민이에요.

최지영: 그래요? 어떤 집을 찾고 있어요?
제가 좀 도와 드릴까요?

압둘라: 지영 씨, 요즘 바빠 보이는데 괜찮아요?

최지영: 괜찮아요. 이사는 제가 전문가거든요.
자! 어떤 집에 살고 싶어요?

압둘라: 음, 우선 사무실에서 가깝고
좀 싸면 좋겠어요. 그리고 창문이 커서
햇살이 잘 들어오면 좋겠어요.

최지영: 압둘라 씨가 밝은 집을 좋아하는군요!
음, 혼자 사니까 거실은 좀 좁아도 돼죠?

압둘라: 아니요. 거실이 넓어서 작업실로 사용할 수
있으면 좋겠어요.

최지영: 하하하, 알겠어요.

〈정답〉

① (×) ② (○) ③ (×) ④ (×)

11   p. 238

스테파니

여러분 안녕하세요? 스테파니예요.
오늘은 제 친구들에 대해 소개해 드릴게요.
비비엔 씨는 활동적이라서 여행을 아주
좋아하는데 반해 앙리 씨는 조용한 편이라서
영화 감상을 좋아해요.
그리고 보리스 씨는 맥주를 잘 마시는데 반해
압둘라 씨는 술을 전혀 못 마셔요. 정말 신기하죠?
익겔 씨와 이준기 씨는 말을 아주 잘 타요.

하지만 저랑 수파킷 씨는 전혀 못 타요. 무섭거든요.
앙리 씨는 그림을 아주 잘 그리고,
요나단 씨는 기타를 아주 잘 쳐요.
하즈키 씨랑 최지영 씨는 여행도 좋아하고
술도 잘 마시고 춤도 잘 추고 말도 잘 타요.
대단한 여자들이죠?
정말 사람마다 취미도 다르고 잘하는 것도
다 달라요. 제 친구들 참 재미있지요!

〈정답〉

1) 비비엔 씨, 하즈키 씨, 최지영 씨

2) 압둘라 씨

3) 익겔 씨, 이준기 씨

4) 앙리 씨

문제3〉 경쟁률이 높아서 떨어질까 봐 걱정해요.

12 p. 258

저는 어젯밤에 이력서 쓰느라고 잠을 못 잤어요.
오늘 유럽 여행사에 입사 지원서를 냈거든요.
제가 여행을 아주 좋아해서 어렸을 때부터
여행사에서 일하는 게 꿈이었어요.
여행사에서 일하려면 외국어를 잘해야 하니까
영어랑 일본어, 중국어 공부도 열심히 했어요.
그리고 시간이 있을 때는 여행에 대한 경험을
쌓으려고 여행도 많이 다니고 여행 관련 책도
많이 읽었어요. 다른 나라의 문화를 이해하려고
외국 친구들도 많이 사귀었어요.
그런데 이번 신입 사원 모집에 경쟁률이
얼마나 높은지 몰라요.
미역국을 먹으면 어떡하죠?

〈정답〉

문제1〉 여행사

문제2〉 외국어 공부, 여행 다니기, 여행 관련 책 읽기,
외국인 친구 사귀기

문법·회화 연습 답안

01

p. 24
급한 편이다.
산만한 편이다.
소심한 편이다.
현명한 편이다.
깐깐한 편이다.
점잖은 편이다.
변덕스러운 편이다.
조심스러운 편이다.

싫어하는 편이다.
여행을 자주 가는 편이다.
요리를 잘하는 편이다.
금방 잊어버리는 편이다.
일찍 오는 편이다.
밥을 많이 먹는 편이다.
돈을 잘 버는 편이다.
마음에 드는 편이다.

부자인 편이다.
추운 날씨인 편이다.
무서운 영화인 편이다.
잉꼬부부인 편이다.
현실적인 편이다.
긍정적인 편이다.
낭만적인 편이다.
보수적인 편이다.

p. 28
느긋한 척하다
명랑한 척하다
차분한 척하다
여우 같은 척하다
욕심이 많은 척하다

욕심이 없는 척하다
귀여운 척하다
변덕스러운 척하다

맞선을 보는 척하다
좋아하는 척하다
어울리는 척하다
실수를 하는 척하다
낮잠을 자는 척하다
신문을 읽는 척하다
마음에 드는 척하다
음악을 듣는 척하다

부자인 척하다
친구인 척하다
의사인 척하다
부부인 척하다
애인인 척하다
찰떡궁합인 척하다
적극적인 척하다
사교적인 척하다

p. 29
가 수파킷 씨의 성격이 어때요?
나 수파킷 씨는 꼼꼼한 편이에요.
가 압둘라 씨의 성격이 어때요?
나 압둘라 씨는 털털한 편이에요.
가 요나단 씨의 성격이 어때요?
나 요나단 씨는 책임감이 강한 편이에요.

p. 30~31
가 수파킷 씨의 성격이 어때요?
나 수파킷 씨는 느긋하고 긍정적이에요.
가 최지영 씨의 성격이 어때요?
나 최지영 씨는 명랑하고 활동적이에요.
가 앙리 씨의 성격이 어때요?
나 앙리 씨는 조용하고 이성적이에요

가 익곌 씨의 성격이 어때요?
나 익곌 씨는 소심하고 내성적이에요.
가 리리 씨의 성격이 어때요?
나 리리 씨는 밝고 적극적이에요.
가 비비엔 씨의 성격이 어때요?
나 비비엔 씨는 차분하고 꼼꼼해요.

p. 32
가 리리 씨는 낭만적이에요?
나 아니요, 그런데 낭만적인 척해요.
가 압둘라 씨는 현실적이에요?
나 아니요, 그런데 현실적인 척해요.
가 요나단 씨는 느긋해요?
나 아니요, 그런데 느긋한 척해요.

p. 33
가 수파킷 씨는 맞선을 봐요?
나 아니요, 그런데 맞선을 보는 척하고 있어요.
가 익곌 씨는 선물이 마음에 들어요?
나 아니요, 그런데 마음에 드는 척하고 있어요.
가 이준기 씨는 꼼꼼해요?
나 아니요, 그런데 꼼꼼한 척하고 있어요.

02

p. 45
계획을 세우고 나서
경험을 쌓고 나서
뮤지컬을 보고 나서
초원을 달리고 나서
일기를 쓰고 나서
작성하고 나서
점심을 먹고 나서
상을 받고 나서

p. 47
영화 촬영을 하려고 하다.
외교관이 되려고 하다.
한턱내려고 하다.

한복을 입기로 하다.
거리 공연을 보기로 하다.
여권을 만들기로 하다.

p. 48~49
가 영화 촬영을 하고 나서 뭐 할까요?
나 영화 촬영을 하고 나서 말을 탑시다.
가 그림을 그리고 나서 뭐 할까요?
나 그림을 그리고 나서 마트에 갑시다.
가 일을 마치고 나서 뭐 할까요?
나 일을 마치고 나서 저녁을 먹읍시다.
가 운동하고 나서 뭐 할까요?
나 운동하고 나서 맥주를 마십시다.
가 공연이 끝나고 나서 뭐 할까요?
나 공연이 끝나고 나서 피자를 먹읍시다.
가 친구를 만나고 나서 뭐 할까요?
나 친구를 만나고 나서 서점에 갑시다.

p. 50~51
가 오늘 오후에 뭐 할 거예요?
나 초원을 달리고 나서 헐헉을 먹으려고 해요.
가 오늘 저녁에 뭐 할 거예요?
나 쇼핑하고 나서 혼자 영화를 보려고 해요.
가 내일 뭐 할 거예요?
나 면접을 보고 나서 명동에 가려고 해요.
가 주말에 뭐 할 거예요?
나 낮잠을 자고 나서 요리하려고 해요.
가 오늘 저녁에 뭐 할 거예요?
나 공부를 하고 나서 TV를 보려고 해요.
가 오늘 오후에 뭐 할 거예요?
나 숙제를 하고 나서 목욕을 하려고 해요.

카레를 만들어 보세요.

p. 52

가 오늘 오후에 시간이 있어요?

나 미안해요. 부모님이 오시기로 했어요.

가 내일 시간이 있어요?

나 미안해요. 시험공부를 하기로 했어요.

가 오늘 저녁에 시간이 있어요?

나 미안해요. 여자 친구랑 뮤지컬을 보기로 했어요.

p. 65

삼계탕이 맛있을까요?

해녀를 만날 수 있을까요?

책을 읽을까요?

공부할까요?

마트에서 팔까요?

올레길을 걸을까요?

데이트가 즐거울까요?

p. 53

가 새해 결심이 뭐예요?

나 너무 뚱뚱해져서 다이어트를 하기로 했어요.

가 새해 결심이 뭐예요?

나 취업을 위해서 MOS를 배우기로 했어요.

가 새해 결심이 뭐예요?

나 꿈을 위해서 열심히 공부하기로 했어요.

p. 67

소주를 마실 거예요.

도중에 갈 거예요.

난타가 재미있을 거예요.

제주에서 살 거예요.

번지점프가 무서울 거예요.

김치가 매울 거예요.

길을 물을 거예요.

03

p. 63

새 의자에 앉아 보셨어요?

해물탕을 드셔 보셨어요?

소주를 드셔 보셨어요?

한국 신문을 읽어 보셨어요?

카레를 만들어 보셨어요?

새 의자에 앉아 봤어요.

해물탕을 먹어 봤어요.

소주를 마셔 봤어요.

한국 신문을 읽어 봤어요.

카레를 만들어 봤어요.

새 의자에 앉아 보세요.

해물탕을 드셔 보세요.

소주를 드셔 보세요.

한국 신문을 읽어 보세요.

p. 68~69

가 떡볶이를 먹어 보셨어요?

나 아니요. 못 먹어 봤어요.

가 그럼 떡볶이를 한번 먹어 보세요. 맵지만 맛있어요.

가 동대문시장에 가 보셨어요?

나 아니요. 못 가 봤어요.

가 그럼 동대문시장에 한번 가 보세요.
물건 값이 싸고 종류가 많아요.

가 번지점프를 해 보셨어요?

나 아니요. 못 해 봤어요.

가 그럼 번지점프를 한번 해 보세요.
무섭지만 재미있어요.

가 김치를 만들어 보셨어요?

나 아니요. 못 만들어 봤어요.

가 그럼 김치를 한번 만들어 보세요. 힘들지만 신기해요.

가 인사동에 가 보셨어요?

나 아니요. 못 가 봤어요.

가 그럼 인사동에 한번 가 보세요.
　　한국적인 물건이 많고, 전통차를 마실 수 있어요.

p. 70

가 닭갈비 맛이 어떨까요?
나 글쎄요, 아마 매울 거예요.
가 내일 날씨가 어떨까요?
나 글쎄요, 아마 더울 거예요.
가 몽골의 하늘이 어떨까요?
나 글쎄요, 아마 파랄 거예요.

p. 71

가 익겔 씨가 지금 뭐 할까요?
나 글쎄요, 아마 자전거를 탈 거예요.
가 이준기 씨가 나오는 영화가 언제 개봉할까요?
나 글쎄요, 아마 다음 주에 개봉할 거예요.
가 우리 반 친구들이 어디에서 공부할까요?
나 글쎄요, 아마 도서관에서 공부할 거예요.

p. 83

밥을 태운 적이 있다.
제주도에 간 적이 있다.
중국술을 마신 적이 있다.
담배를 끊은 적이 있다.
떡볶이를 먹은 적이 있다.
올레길을 걸은 적이 있다.
김밥을 만든 적이 있다.
동전을 주운 적이 있다.

밥을 태운 적이 없다.
제주도에 간 적이 없다.
중국술을 마신 적이 없다.
담배를 끊은 적이 없다.

떡볶이를 먹은 적이 없다.
올레길을 걸은 적이 없다.
김밥을 만든 적이 없다.
동전을 주운 적이 없다.

p. 86

여행을 갔었거든요.
공원을 걸었거든요.
도쿄에 살았거든요.
날씨가 추웠거든요.
바빴거든요.

여행을 가거든요.
공원을 걷거든요.
도쿄에 살거든요.
날씨가 춥거든요.
바쁘거든요.

여행을 갈 거거든요.
공원을 걸을 거거든요.
도쿄에 살 거거든요.
날씨가 추울 거거든요.
바쁠 거거든요.

p. 87

지각할 뻔했어요.
델 뻔했어요.
부딪힐 뻔했어요.
코를 골 뻔했어요.
치약을 삼킬 뻔했어요.
벌을 받을 뻔했어요.

p. 88~89

가 한복을 입어 본 적이 있어요?
나 네, 한복을 입어 본 적이 있어요.
가 호떡을 먹어 본 적이 있어요?
나 네, 호떡을 먹어 본 적이 있어요.

가 번지점프를 해 본 적이 있어요?
나 네, 번지점프를 해 본 적이 있어요.

가 이준기 씨를 만나 본 적이 있어요?
나 아니요, 아직 만나 본 적이 없어요.
가 아프리카에 가 본 적이 있어요?
나 아니요, 아직 가 본 적이 없어요.
가 말을 타 본 적이 있어요?
나 아니요, 아직 말을 타 본 적이 없어요.

p. 90

가 왜 매일 그 식당에서 밥을 먹어요?
나 맛있고 친절하거든요.
가 왜 직원들이 사장님을 싫어해요?
나 잔소리가 심하거든요.
가 왜 스테파니 씨가 인기가 많아요?
나 예쁘고 상냥하거든요.

p. 91

가 기분이 좋아 보이는데 무슨 일이 있어요?
나 네, 용돈을 받았거든요.
가 피곤해 보이는데 무슨 일이 있어요?
나 네, 어제 잠을 못 잤거든요.
가 안색이 안 좋은데 무슨 일이 있어요?
나 네, 감기에 걸렸거든요.

p. 92

가 요즘 왜 매일 영화를 봐요?
나 영화 평론가가 될 거거든요.
가 왜 다음 주부터 수영장에 다니기로 했어요?
나 다이어트를 할 거거든요.
가 왜 한국어를 공부해요?
나 내년에 한국에 유학갈 거거든요.

p. 93

가 안색이 안 좋아 보이는데 무슨 일이 있어요?
나 친구와 이야기하다가 버스를 못 탈 뻔했어요.

가 안색이 안 좋아 보이는데 무슨 일이 있어요?
나 공포 영화를 보다가 무서워서 죽을 뻔했어요.
가 안색이 안 좋아 보이는데 무슨 일이 있어요?
나 전화를 하면서 가다가 기둥에 부딪혀서 커피를
　 쏟을 뻔했어요.

05

p. 105

시험을 잘 보기는요.
잘하기는요.
많이 먹기는요.
취직하기는요.
피아노를 잘 치기는요.
공부를 잘하기는요.
돈이 많기는요.
한가하기는요.
미안하기는요.
생생하기는요.
기분 나쁘기는요.
예쁘기는요.
바쁘기는요.
귀엽기는요.
맛있기는요.
고맙기는요.
미안하기는요.
괜찮기는요.
행복하기는요.
푹 자기는요.
고집이 세기는요.
기분 좋기는요.

p. 107

도와줄게요.
연락할게요.

녹차를 마실게요.
보여 드릴게요.
창문을 열게요.
한턱낼게요.
메일을 보낼게요.
기다릴게요.
갈비탕을 먹을게요.
신문을 읽을게요.
공원을 걸을게요.
휴지를 주울게요.
김치를 만들게요.
이따가 먹을게요.
또 올게요.
잠깐 쉴게요.

p. 109

가 말을 정말 잘 타시는군요!
나 잘 타기는요. 아직 멀었어요.
가 노래를 정말 잘 부르시는군요!
나 잘 부르기는요. 아직 멀었어요.
가 피아노를 정말 잘 치시는군요!
나 잘 치기는요. 아직 멀었어요.

p. 110~111

가 부지런하지요?
나 부지런하기는요. 얼마나 게으른데요.
가 한국 생활이 힘들지요?
나 힘들기는요. 얼마나 재미있는데요.
가 요즘 바쁘지요?
나 바쁘기는요. 얼마나 한가한데요.
가 요리가 맛있지요?
나 맛있기는요. 얼마나 맛없는데요.
가 노래를 잘 부르지요?
나 잘 부르기는요. 얼마나 못 부르는데요.
가 작품성이 있지요?
나 작품성이 있기는요. 얼마나 별로인데요.

p. 112~113

가 누가 노래를 불러 줄 수 있어요?
나 제가 노래를 불러 드릴게요.
가 누가 창문을 닫아 줄 수 있어요?
나 제가 창문을 닫아 드릴게요.
가 누가 가방을 들어 줄 수 있어요?
나 제가 가방을 들어 드릴게요.
가 누가 설거지를 해 줄 수 있어요?
나 제가 설거지를 해 드릴게요.
가 누가 문을 열어 줄 수 있어요?
나 제가 문을 열어 드릴게요.
가 누가 자리를 양보해 줄 수 있어요?
나 제가 자리를 양보해 드릴게요.

06

p. 123

지영아.
비비엔아.
로이야.
준기야.

p. 124

언니처럼
엄마처럼
오빠처럼
어린아이처럼
무용가처럼
연인처럼
부자처럼
배우처럼
선생님처럼
선수처럼
전문가처럼

p. 128

뭐 해?
여기가 어디야?
친구를 만나.
내 친구야.
오늘 날씨가 좋지?
일본 사람이지?
여기 앉아.
사진을 찍지 마.
담배를 피우지 마.
영화를 볼까?
피자를 먹을까?
부산에 가자.
열심히 공부하자.
주말에 뭐 할 거야?
바다에 갈 거야.

p. 129

가 수파킷아, 뭐 해?
나 커피를 마셔.
가 압둘라야, 뭐 해?
나 스키를 타.
가 보리스야, 뭐 해?
나 피자를 먹어.

p. 130

가 비비엔아, 오늘 오후에 같이 명동에 갈까?
나 그래, 같이 명동에 가자.
가 앙리야, 주말에 같이 스키를 탈까?
나 그래, 같이 스키를 타자.
가 준기야, 이번 휴가에 같이 터키에 갈까?
나 그래, 같이 터키에 가자.

p. 131

가 요나단아, 오늘 오후에 뭐 할 거야?
나 나는 오늘 오후에 홍대에서 오디션을 볼 거야.
가 익곌아, 이번 방학에 뭐 할 거야?

나 나는 이번 방학에 중국어를 공부할 거야.
가 보리스야, 내일 뭐 할 거야?
나 나는 내일 여자 친구에게 청혼할 거야.

p. 132~133

가 압둘라가 요리를 잘해?
나 응, 요리사처럼 요리를 잘해.
가 지영이가 태권도를 잘해?
나 응, 태권도 선수처럼 태권도를 잘해.
가 하즈키가 중국말을 잘해?
나 응, 중국 사람처럼 중국말을 잘해.
가 수파킷이 연기를 잘해?
나 응, 배우처럼 연기를 잘해.
가 비비엔이 춤을 잘 춰?
나 응, 무용가처럼 춤을 잘 춰.
가 리리가 요리를 잘해?
나 응, 엄마처럼 요리를 잘해.

07

p.146

예쁘다고 하다.
많다고 하다.
덥다고 하다.
예뻤다고 하다.
많았다고 하다.
더웠다고 하다.

실패한다고 하다.
먹는다고 하다.
판다고 하다.
실패했다고 하다.
먹었다고 하다.
팔았다고 하다.

휴일이라고 하다.
관계자라고 하다.
친구라고 하다.
휴일이었다고 하다.
관계자였다고 하다.
친구였다고 하다.

p.149
바쁘냐고 하다.
많냐고 하다.
맵냐고 하다.
친절하냐고 하다.
바빴냐고 하다.
많았냐고 하다.
매웠냐고 하다.
친절했냐고 하다.

먹냐고 하다.
유행하냐고 하다.
읽냐고 하다.
만드냐고 하다.
먹었냐고 하다.
유행했냐고 하다.
읽었냐고 하다.
만들었냐고 하다.

부자냐고 하다.
학생이냐고 하다.
관계자냐고 하다.
한국어책이냐고 하다.
부자였냐고 하다.
학생이었냐고 하다.
관계자였냐고 하다.
한국어책이었냐고 하다.

p.151
풀게 하다.

치우게 하다.
쓰게 하다.
읽게 하다.
먹게 하다.
만들게 하다.
듣게 하다.
보게 하다.
빨래하게 하다.
일어나게 하다.

p. 152
가 앙리 씨가 뭐라고 했어요?
나 내일 어머니 생일이라서 선물을 사야 한다고
　　했어요.
가 보리스 씨가 뭐라고 했어요?
나 지금 TV에서 사물놀이 하는 것을 보고 있다고
　　했어요.
가 리리 씨가 뭐라고 했어요?
나 오늘 너무 춥다고 했어요.

p. 153
가 익겔 씨가 뭐라고 했어요?
나 어제 명동에서 이준기 씨를 만났다고 했어요.
가 보리스 씨가 뭐라고 했어요?
나 어제 술을 너무 많이 마셔서 아침에 머리가
　　아팠다고 했어요.
가 스테파니 씨가 뭐라고 했어요?
나 어제 보리스 씨의 여자 친구를 만났는데 아주
　　귀여웠다고 했어요.

p. 154
가 하즈키 씨가 뭐라고 했어요?
나 하즈키 씨가 제일 좋아하는 음식은
　　닭갈비라고 했어요.
가 압둘라 씨가 뭐라고 했어요?
나 압둘라 씨 아버지는 치과 의사라고 했어요.
가 익겔 씨가 뭐라고 했어요?

나 익겔 씨 꿈은 한국어 선생님이라고 했어요.

p. 155
가 이준기 씨가 뭐라고 했어요?
나 내일 집들이에 올 거냐고 했어요.
가 앙리 씨가 뭐라고 했어요?
나 리리 씨도 이번 방학에 프라하에 가냐고 했어요.
가 요나단 씨가 뭐라고 했어요?
나 몽골에서 말을 탔을 때 기분이 좋았냐고 했어요.

p. 156~157
가 어머니께서 누구에게 무엇을 시켰어요?
나 어머니께서 아버지께 퇴근할 때
　과일을 사오게 하셨어요.
가 스테파니 씨가 누구에게 무엇을 시켰어요?
나 스테파니 씨가 보리스 씨에게 담배를
　끊게 했어요.
가 의사가 누구에게 무엇을 시켰어요?
나 의사가 수파킷 씨에게 목이 아플 때에는 따뜻한
　물을 많이 먹게 했어요.
가 아버지께서 누구에게 무엇을 시켰어요?
나 아버지께서 아들에게 열심히 공부하게 했어요.
가 선생님께서 누구에게 무엇을 시켰어요?
나 선생님께서 스테파니 씨에게 내일까지 숙제를
　해 오게 했어요.
가 선생님께서 누구에게 무엇을 시켰어요?
나 선생님께서 비비엔 씨에게 매일 복습하게 했어요.

08

p. 169
영화를 보자고 하다.
감자탕을 먹자고 하다.
파리에 가자고 하다.
자전거를 타자고 하다.

책을 읽자고 하다.
볼링을 치자고 하다.
결혼하자고 하다.
음악을 듣자고 하다.

영화를 보지 말자고 하다.
감자탕을 먹지 말자고 하다.
파리에 가지 말자고 하다.
자전거를 타지 말자고 하다.
책을 읽지 말자고 하다.
볼링을 치지 말자고 하다.
결혼하지 말자고 하다.
음악을 듣지 말자고 하다.

p. 171
사진을 보라고 하다.
아이스크림을 먹으라고 하다.
태권도를 배우라고 하다.
결혼하라고 하다.
CD를 들으라고 하다.
집을 팔라고 하다.
휴지를 주우라고 하다.

사진을 보지 말라고 하다.
아이스크림을 먹지 말라고 하다.
태권도를 배우지 말라고 하다.
결혼하지 말라고 하다.
CD를 듣지 말라고 하다.
집을 팔지 말라고 하다.
휴지를 줍지 말라고 하다.

p. 172
가 앙리 씨가 뭐라고 했어요?
나 오늘 오후에 영화를 보자고 했어요.
가 익겔 씨가 뭐라고 했어요?
나 이번 휴가에 아프리카에 가자고 했어요.
가 최지영 씨가 뭐라고 했어요?

나　오늘 저녁에 해물탕을 먹자고 했어요.

p. 173

가　이준기 씨가 뭐라고 했어요?

나　오늘부터 술을 마시지 말자고 했어요.

가　스테파니 씨가 뭐라고 했어요?

나　담배를 피우지 말자고 했어요.

가　요나단 씨가 뭐라고 했어요?

나　우리 이제 만나지 말자고 했어요.

p. 174

가　선생님께서 뭐라고 하셨어요?

나　큰 소리로 책을 읽으라고 하셨어요.

가　의사가 뭐라고 했어요?

나　이 약을 먹고 푹 자라고 했어요.

가　아버지께서 뭐라고 하셨어요?

나　열심히 공부하라고 하셨어요.

p.175

가　스테파니 씨가 뭐라고 했어요?

나　담배를 피우지 말라고 했어요.

가　일기예보에서 뭐라고 했어요?

나　내일은 비가 많이 오니까 밖에 나가지 말라고
　　했어요.

가　어머니께서 뭐라고 하셨어요?

나　밤에 게임하지 말라고 하셨어요.

09

p. 185

볼링을 치는 법

한글을 쓰는 법

자르는 법

유리를 닦는 법

된장찌개를 끓이는 법

부산에 가는 법

머리를 땋는 법

태국어를 읽는 법

김치를 만드는 법

게를 먹는 법

잘게 다지는 법

바이올린을 켜는 법

p.186

크게

작게

둥글게

넓게

가늘게

곱게

잘게

길게

짧게

굵게

p. 188

피아노를 칠 줄 알다.

하모니카를 불 줄 알다.

바이올린을 켤 줄 알다.

스키를 탈 줄 알다.

된장찌개를 끓일 줄 알다.

영어를 할 줄 알다.

한자를 쓸 줄 알다.

피아노를 칠 줄 모르다.

하모니카를 불 줄 모르다.

바이올린을 켤 줄 모르다.

스키를 탈 줄 모르다.

된장찌개를 끓일 줄 모르다.

영어를 할 줄 모르다.

한자를 쓸 줄 모르다.

p. 189

가 피아노 치는 법 좀 가르쳐 주세요.

나 네, 좋아요. 가르쳐 줄게요.

가 문자 보내는 법 좀 가르쳐 주세요.

나 네, 좋아요. 가르쳐 줄게요.

가 김치 만드는 법 좀 가르쳐 주세요.

나 네, 좋아요. 가르쳐 줄게요.

p. 190~191

가 손님, 어떻게 해 드릴까요?

나 뒷머리를 깨끗하게 잘라 주세요.

가 손님, 어떻게 해 드릴까요?

나 옆머리를 짧게 잘라 주세요.

가 손님, 어떻게 해 드릴까요?

나 가늘게 파마해 주세요.

가 손님, 어떻게 해 드릴까요?

나 굵게 파마해 주세요.

가 손님, 어떻게 해 드릴까요?

나 노랗게 염색해 주세요.

가 손님, 어떻게 해 드릴까요?

나 가볍게 숱을 쳐 주세요.

p. 192~193

가 하모니카를 불 줄 아세요?

나 네, 불 줄 알아요.

가 태권도를 할 줄 아세요?

나 네, 할 줄 알아요.

가 장구를 칠 줄 아세요?

나 네, 칠 줄 알아요.

가 태국어를 읽을 줄 아세요?

나 아니요, 읽을 줄 몰라요.

가 수영할 줄 아세요?

나 아니요, 할 줄 몰라요.

가 닭갈비를 만들 줄 아세요?

나 아니요, 만들 줄 몰라요.

10

p. 207

키가 커 보이다.

통통해 보이다.

얼굴이 작아 보이다.

돈이 많아 보이다.

따뜻해 보이다.

관계가 있어 보이다.

흥미로워 보이다.

적절해 보이다.

예뻐 보이다.

슬퍼 보이다.

귀여워 보이다.

매워 보이다.

추워 보이다.

재미없어 보이다.

쉬워 보이다.

어려워 보이다.

p. 209

날씬하면 좋겠다.

통통하면 좋겠다.

얼굴이 작으면 좋겠다.

귀여우면 좋겠다.

돈이 많으면 좋겠다.

재미있으면 좋겠다.

예쁘면 좋겠다.

똑똑하면 좋겠다.

p. 210

이준기 씨를 만나면 좋겠다.

브라질에 가면 좋겠다.

닭갈비를 먹으면 좋겠다.

보람을 느끼면 좋겠다.

남자 친구가 생기면 좋겠다.

눈이 오면 좋겠다.
시원한 물을 마시면 좋겠다.
인기를 끌면 좋겠다.
태권도를 배우면 좋겠다.
수업 시간에 토론하면 좋겠다.
어려움을 극복하면 좋겠다.
좋은 집에 살면 좋겠다.
외교관이 되면 좋겠다.
결혼하면 좋겠다.

친구면 좋겠다.
전문가면 좋겠다.
연인이면 좋겠다.
휴일이면 좋겠다.
좋은 선물이면 좋겠다.
꿈이면 좋겠다.
방학이면 좋겠다.
학생이면 좋겠다.
즐거운 시간이면 좋겠다.
연예인이면 좋겠다.
좋은 사람이면 좋겠다.
공짜면 좋겠다.
정말이면 좋겠다.
끝이면 좋겠다.

p. 212~213

가 이 구두 어때요?
나 와! 키가 커 보여요.
가 저 영화 어때요?
나 와! 재미있어 보여요.
가 압둘라 씨 어때요?
나 와! 기분이 좋아 보여요.

가 기분이 안 좋아 보여요.
나 여자 친구와 헤어져서 그래요.
가 행복해 보여요.
나 프러포즈를 받아서 그래요.

가 추워 보여요.
나 옷을 얇게 입어서 그래요.

p. 214~215

가 어떤 영화를 보고 싶어요?
나 재미있는 영화를 보면 좋겠어요.
가 어떤 음식을 먹고 싶어요?
나 매운 음식을 먹으면 좋겠어요.
가 어떤 옷을 사고 싶어요?
나 싸고 예쁜 옷을 사면 좋겠어요.

가 그 영화가 어때요?
나 좀 더 무서우면 좋겠어요.
가 여자 친구가 어때요?
나 좀 더 애교가 많으면 좋겠어요.
가 이 옷이 어때요?
나 좀 더 색깔이 밝으면 좋겠어요.

p. 216~217

가 어떤 음식을 먹고 싶어요?
나 감자탕이나 닭갈비를 먹고 싶어요.
가 어떤 음악을 듣고 싶어요?
나 발라드나 팝송을 듣고 싶어요.
가 어떤 운동을 하고 싶어요?
나 야구나 축구를 하고 싶어요.
가 어떤 영화를 보고 싶어요?
나 멜로나 코미디를 보고 싶어요.
가 어디 가고 싶어요?
나 영국이나 스페인에 가고 싶어요.
가 어떤 책을 읽고 싶어요?
나 소설이나 에세이를 읽고 싶어요.

p. 231

친구인데 반해
부자인데 반해
명절인데 반해
휴일인데 반해
학생인데 반해
즐거운 시간인데 반해
좋은 관계인데 반해
적극적인데 반해

완벽한데 반해
넓은데 반해
바쁜데 반해
맛있는데 반해
흥미로운데 반해
방학이 긴데 반해
얼굴이 작은데 반해
맛없는데 반해

송편을 먹는데 반해
뉴욕에 가는데 반해
한국말을 잘하는데 반해
술을 잘 마시는데 반해
그림을 잘 그리는데 반해
운동을 못하는데 반해
춤을 못 추는데 반해
책을 많이 읽는데 반해

p. 233

사람마다 무엇이 달라요?
사람마다 취미가 달라요.
나라마다 무엇이 달라요?
나라마다 언어가 달라요.
가게마다 무엇이 달라요?

가게마다 가격이 달라요.

p. 234~236

가 한국의 주식과 미국의 주식은 뭐가 달라요?
나 한국의 주식은 밥인데 반해 미국의 주식은
　빵이에요.
가 수파킷 씨의 집과 비비엔 씨의 집은 뭐가 달라요?
나 수파킷 씨의 집은 아파트인데 반해
　비비엔 씨의 집은 단독주택이에요.

가 한국 남자와 중국 남자는 무엇이 달라요?
나 한국 남자는 무뚝뚝한데 반해 중국 남자는
　친절해요.
가 저 가게와 이 가게는 무엇이 달라요?
나 저 가게는 친절한데 반해 이 가게는 불친절해요.

가 와! 스테파니 씨, 영어를 잘하는군요!
　중국어도 잘해요?
나 아니에요. 영어는 잘하는데 반해
　중국어는 못해요.
가 와! 스테파니 씨, 요리를 잘하는군요!
　정리도 잘해요?
나 아니에요. 요리는 잘하는데 반해 정리는 못해요.

p. 237

가 한국 음식에 대해 어떻게 생각하세요?
나 맵지만 맛있다고 생각해요.
가 한국 남자에 대해 어떻게 생각하세요?
나 무뚝뚝하지만 정이 많다고 생각해요.
가 유학 생활에 대해 어떻게 생각하세요?
나 힘들지만 보람이 있다고 생각해요.

p. 249

드라마를 보느라고
여행을 가느라고
요리하느라고
청소하느라고
태권도를 배우느라고
책을 읽느라고
밥을 먹느라고
친구를 돕느라고
돈을 버느라고
김치를 만드느라고

p. 251

얼마나 보는지 모르다.
얼마나 먹는지 모르다.
얼마나 읽는지 모르다.
얼마나 걷는지 모르다.
얼마나 봤는지 모르다.
얼마나 먹었는지 모르다.
얼마나 읽었는지 모르다.
얼마나 걸었는지 모르다.

얼마나 피곤한지 모르다.
얼마나 바쁜지 모르다.
얼마나 더운지 모르다.
얼마나 매운지 모르다.
얼마나 피곤했는지 모르다.
얼마나 바빴는지 모르다.
얼마나 더웠는지 모르다.
얼마나 매웠는지 모르다.

p. 253

몽골에 가 버리다.
술을 마셔 버리다.

떡볶이를 먹어 버리다.
말해 버리다.
청소해 버리다.
나이를 잊어버리다.
휴대폰을 바꿔 버리다.
길을 잃어버리다.
봐 버리다.
자 버리다.
독감에 걸려 버리다.
피자를 만들어 버리다.
돈을 주워 버리다.
매력에 빠져 버리다.
고백해 버리다.
끝나 버리다.

p. 254

가 왜 신년회에 안 왔어요?
나 미안해요. 시험공부하느라 못 갔어요.
가 왜 출근 시간에 늦었어요?
나 미안해요. 버스를 기다리느라 늦었어요.
가 왜 숙제를 안 했어요?
나 미안해요. 주말에 친구를 만나느라 못 했어요.

p. 255

가 만나기 힘들어요. 무슨 일 있어요?
나 결혼 준비하느라고 얼마나 바쁜지 몰라요.
가 바빠 보여요. 무슨 일 있어요?
나 회의 준비하느라고 얼마나 힘든지 몰라요.
가 피곤해 보여요. 무슨 일 있어요?
나 시험공부하느라고 얼마나 피곤한지 몰라요.

p. 256~257

가 어? 맥주가 어디에 갔지요?
나 보리스 씨가 마셔 버렸어요.
가 어? 남은 돈이 어디에 갔지요?
나 리리 씨에게 줘 버렸어요.
가 어? 남은 음식이 어디에 갔지요?

나 요나단 씨하고 수파킷 씨가 먹어 버렸어요.

가 어? 빈 박스가 어디에 갔지요?

나 스테파니 씨가 치워 버렸어요.

가 어? 책이 어디에 갔지요?

나 앙리 씨가 가져가 버렸어요.

가 어? 꽃병이 어디에 갔지요?

나 익겔 씨가 깨 버렸어요.

색인

286

기타

이준기와 함께하는
안녕하세요 한국어 3

• 한글판 •

초판 인쇄 2014년 1월 10일
초판 발행 2014년 1월 20일

저자 | 유소영
특별 참여 | 이준기

발행인 | 정은영
책임 편집 | 김지수
디자인 | 나윤영, 염단야
일러스트 | 토마, 장미경
성우 | 전숙경, 이지환, 권영지, 김재정
CD 녹음 및 편집 | 109사운드
제작 협력 | IMX Korea

펴낸곳 | 마리북스
출판등록 | 2007년 4월 4일 제2010-000032호
주소 | 121-850 서울시 마포구 월드컵로 204 이안오피스텔 1403호

전화 | 02) 324-0529~0530
팩스 | 02) 324-0531
이메일 | mari@maribooks.com
홈페이지 | www.maribooks.com
찍은곳 | 한영문화사

ISBN 978-89-94011-41-7 18710
        978-89-94011-13-4 (세트)